내 삶의 버킷리스트

옴니버스 인생 책쓰기 9편
50인의 인생 소원들

삶을 더욱 열정적이고
행복하게 살고 싶은 당신에게

이 책을 전합니다

내 삶의 버킷리스트

초판 1쇄 발행_ 2025년 06월 02일

지은이_
우경하 이은미 조유나 박선희 장예진 최윤정 이연화 심푸른 김 정 김미옥
김지현 강화자 김현숙 조대수 양 선 최순덕 박해리 한기수 유병권 서덕만
최무빈 박보라 염숙영 차에스더 김영애 최형임 최세경 김선화 최유경 안은숙
김도경 윤민영 최민경 이정인 한지연 최마리 한민정 김종호 이형은 고서현
김혜경 김미경 김언희 오순덕 권수일 우정희 박정순 김미례 양혜진 박성희
펴낸이_ 우경하
펴낸곳_ 인생변하는서점
디자인_ 우경하 & 정은경
표지디자인_ 디자인플래닛
인쇄처_ (주)북모아

출판등록번호_ 제2021-000015호
주소_ 서울 도봉구 덕릉로 63가길 43, 지하26호
전화_ 010-7533-3488
ISBN_ 979-11-992642-1-2
정가_ 18,000원

이 책은 저작권법에 따라 보호받는 저작물이므로
무단 전재와 무단 복제를 금지하며
이 책 내용을 이용하려면 반드시 저작권자와
출판사 인생이변하는서점의 서면동의를 받아야 합니다.
잘못된 책은 구입처나 본사에서 바꾸어 드립니다.

50인 지은이 소개

우경하 이은미 조유나 박선희 장예진
최윤정 이연화 심푸른 김 정 김미옥
김지현 강화자 김현숙 조대수 양 선
최순덕 박해리 한기수 유병권 서덕만
최무빈 박보라 염숙영 차에스더 김영애
최형임 최세경 김선화 최유경 안은숙
김도경 윤민영 최민경 이정인 한지연
최마리 한민정 김종호 이형은 고서현
김혜경 김미경 김언희 오순덕 권수일
우정희 박정순 김미례 양혜진 박성희

내 삶의 버킷리스트

1장. 지은이 소개

01. 우경하 - 나연구소 대표, 한국자서전협회장
02. 이은미 - 오색그림책방 대표, 한국미래평생교육원장
03. 조유나 - 유나리치, 한국개척영업컨설팅연구소 대표
04. 박선희 - 더원인재개발원 대표, (주)ESG경영연구원 이사
05. 장예진 - 휘게 심리상담센터 대표, 보육교사, 사회복지사
06. 최윤정 - 윤정교육연구소 소장, 『내 삶을 바꾼 책』 베스트셀러작가
07. 이연화 - 한국그림책작가협회 회원, 그림책지도사, 작가
08. 심푸른 - 전남대학교 석, 박사학위 취득, 대한웰다잉협회 전문 강사
09. 김 정 - 피부 국제대회 은상, 내 인생의 터닝포인트 공동 저자
10. 김미옥 - 사회복지법인 제주공생 희망나눔종합지원센터 센터장

2장. 지은이 소개

11. 김지현 - 마음나라연구소 대표, 사회복지학 박사
12. 강화자 - 1인 기업가 공감 톡 브랜딩 대표, 최고의 강사
13. 김현숙 - 그림책 프리랜서강사, 의정부교육지원청소속 "책보" 대표역임
14. 조대수 - 화법연구소 대표, 백년멘토 대표, 대수굿TV
15. 양 선 - 여여나무연구소대표, 체질 직업전문가, 기획 프로그램전문가
16. 최순덕 - 직무지도위원 ,근로지원인 활동 중, 코리안투데이 시민기자
17. 박해리 - 이음심포니커 대표, 2024 삿포로교류오케스트라 연주
18. 한기수 - 한국남성행복심리상담연구소 대표, 학교 체육전문 강사
19. 유병권 - 제25회 서울 독립영화제 우수 작품상
20. 서덕만 - 고등학교 영어 교사, 초등학교 독서지도사

3장. 지은이 소개

21. 최무빈 - 전자책 시집:나에게도 행복이 온다, 그림이 있는 공간 운영
22. 박보라 - 교육사 35년 운영, 치매 극복의 날 체험수기 최우수상
23. 염숙영 - 사회복지학 박사, 한국작가협회 감사
24. 차에스더 - 예은마음상담치유연구원소장, 지저스예술선교연구원학장
25. 김영애 - 60중년주부, 전직 초등학교 기간제교사
26. 최형임 - 신세계합동녹취속기사무소 대표속기사
27. 최세경 - 2007년 7월 ~ 한화생명 금융서비스, 상담심리학과4학년
28. 김선화 - 영산대학교 겸임교수, 청소년지도사, 출판지도사
29. 최유경 - ㈜날개부동산중개법인CEO, 날개행정사사무소 대표 행정사
30. 안은숙 - 작가, 시인, 한국자서전협회 성동 지부장

4장. 지은이 소개

31. 김도경 – 삼척산업대 졸업(행정학), 상지대평화안보상담대학원(심리학)
32. 윤민영 – 자담인영힐링 대표, 전자책크몽입점, 자담인영힐링 쇼핑몰 운영
33. 최민경 – 웰니스 토탈 라이프 디자이너, 하트나비라이프
34. 이정인 – 삶의 결을 따라 다정하게 걸어가는 글 작가
35. 한지연 – 아이들을 가르쳐왔고, 배우는 것을 멈추지 않으며 글을 쓴다.
36. 최마리 – 연세대학교 보건대학원 국제보건 전공 연구교수
37. 한민정 – 쥬드발레하우스 무용학원 원장, 세종특별자치시교육협회 회장
38. 김종호 – BMCT 홈닥터(뇌인지 / 마음 / 언어 상호작용 지도사)
39. 이형은 – 강남대 도서관학과 졸업, 책쓰기 지도사, 출판 작가 마스터
40. 고서현 – 보건학 박사 수료(통합대체의학), 경기도 관내 환경 강사 활동

5장. 지은이 소개

41. 김혜경 - 공간 지음 대표, 행복 책방 대표
42. 김미경 - 인카금융서비스(주)린치핀사업단, 내 삶을 바꾼 습관 출판
43. 김언희 - 내 삶을 바꾼 습관 출판, 컴퓨터학원운영
44. 오순덕 - 한글마루 창작소 공동대표, 한글만다라 개발자
45. 권수일 - 서울대 치의학대학원 행정실장, 인사혁신처 적극행정 전담강사
46. 우정희 - 청도재가노인복지센터 대표, 한세대사회복지행정학과 박사
47. 박정순 - 한국코치협회 KPC코치, 멘토지도자협의회회원
48. 김미례 - I COLOR 'n BRAIN 연구소대표, 폴리텍V대학교산학협력단 강사
49. 양혜진 - 삼성화재 일산지점 메디칼 매니져, 저서:[우리는 알콜중독 부부]
50. 박성희 - 문서영상선교사. 현 삼성화재 메디컬 메니져

프롤로그

   인생을 살면서 원하는 소망과 기대가 있다는 건 매우 설레고 힘이 나는 일이다. 힘든 순간도 견디며 하루를 즐겁게 살아갈 의욕과 열성을 샘솟게 한다.

   이 책은 50인 작가들이 진솔하게 담아낸 버킷리스트 모음집이다. 우리는 앞으로 꼭 하고 싶고 일, 이루고 싶은 소망 등을 가슴 설레는 마음으로 기록했다.

   가고 싶은 여행지, 배우고 싶은 취미, 성장을 위한 자기 계발, 일의 성취, 가족들과 함께하는 행복한 시간 등의 이야기는 여러분의 입가에도 잔잔한 미소를 짓게 할 것이다.

   이 책은 한 번뿐인 소중한 인생을 희망을 안고 즐겁게 살고 싶은 분들에게 추천한다. 여러 사람의 버킷리스트를 통해 여러분도 몰랐던 새로운 꿈과 삶의 방향을 발견할 수 있을 것이다. 공동 저서는 여러 사람의 경험과 지혜를 한 권으로 만나볼 수 있다는 매력이 있다.

   이 프로젝트는 전자책, 공동 저서, 자서전 전문 나연구소의 [옴니버스 인생 책쓰기] 프로젝트 9편이다. 프로젝트는 매월 1권씩 출판, 총기간 8년, 100편까지 출판을 목표로 한다.

   우리의 이야기가 더 나은 내가 되어, 원하는 행복한 인생을 살고 싶은 분들에게 희망과 용기가 되길 소망하며 우리의 가슴 설레는 버킷리스트 이야기를 시작한다.

목차

프롤로그　　/12

1장. 나는 자유와 깨달음으로 간다　　/14
2장. 후회 없는 삶을 위한 버킷리스트　　/56
3장. 나를 위한 선물　　/98
4장. 마법 볼펜　　/140
5장. Today is a gift　　/182

에필로그　　/224

나는 자유와 깨달음으로 간다

I.

01. 우경하
나는 자유와 깨달음으로 간다
02. 이은미
나를 완성하고 설레는 꿈
03. 조유나
나는 원하는 것을 다 이루고 산다
04. 박선희
빨간 손과 파란 손의 조화
05. 장예진
나는 후회 없는 인생을 산다
06. 최윤정
연극과 미국 유학
07. 이연화
내가 꿈꾸는 세상, 작은 온기
08. 심푸른
꿈틀거리는 삶의 욕망을 찾아서
09. 김 정
나를 설레게 하는 버킷리스트 10가지
10. 김미옥
매년 쓰는 버킷리스트

NO.1

우경하

☐ 소개

1. 나연구소 대표
2. 한국자서전협회장
3. 전자책, 공동저서. 자서전 출판 전문
4. 온라인 오프라인 500회 이상 강의 코칭
5. 전자책, 종이책 포함 170권 이상 출판
6. 누적 출판작가 600명 이상 배출
7. 닉네임: １００권작가

☐ 연락처

1. 네이버 검색: 우경하
2. 유튜브 검색: 나연구소

나는 자유와 깨달음으로 간다

버킷리스트를 생각하고 적어 보는 일은 매우 의미 있고 중요하다. 적은 것들이 현실로 이루어져도 좋고 그렇지 않아도 좋다. 적으면서 설렘과 희망이라는 선물을 받기 때문이다.

나는 영화 [버킷리스트]에 나오는 이 대사가 매우 좋다

"천국의 입구에서 신이 2가지 질문을 해. 삶의 기쁨을 찾았나? 남에게도 기쁨을 주었나?" 인생을 살면서 자신만의 기쁨을 찾고, 누군가에게 기쁨을 주는 일은 매우 가치 있고 행복한 일이다. 나의 인생 버킷리스트 10가지를 적어본다.

1. 한 달간 절에서 독서와 마음 수양하기

딱히 종교는 없지만 명상에 관심이 있다. 나를 찾는 글쓰기를 하며 마음을 관찰했고 그 행동이 명상임을 알았다. 어느 순간부터 '고요함' '평화' 등의 말들이 내 안에 자리 잡았다. 가끔은 바쁘게 살아가는 일상을 벗어나 휴식, 힐링, 새로운 아이디어 발견, 비움을 위해서 절에 가서 책도 읽고 내 몸과 마음을 갈고닦아서 더욱 깊어지고 자유로워지고 싶다.

2. 주역과 양자역학 배우기

주역과 양자역학이 삶의 지혜와 이치를 잘 담고 있다고 해서 시간을 내어 깊이 배우고 싶다. 인생에서 가장 큰 즐거움은 깨달음이라

고 생각한다. 그리고 학문의 가장 큰 필요와 효과는 현실의 적용이고 나와 내 삶의 변화라고 믿는다.

3. 마라톤 풀코스 달리기

예전부터 마라톤 10km는 여러 번 뛰었었다. 평소 운동을 많이 하는 편은 아닌데 가끔 마라톤을 뛰고 나면 성취감이 크고 몸이 개운해짐을 느낀다. 풀코스 도전이 쉽지는 않겠지만 늘 마음속에 담아두고 머릿속으로 상상하고 있다.

4. 바디 프로필 찍기

몸짱까지는 아니어도 균형 있고 매력적인 몸을 만들고 싶다. 몸과 마음은 하나기에 몸매가 좋다는 것은 몸과 마음 모두가 건강하다는 의미다. 주로 책상에 앉아서 모니터를 보며 글을 쓰는 일하는 나에게는 많은 집중력이 필요하다. 내 일을 잘하기 위해서도 균형 잡히고 건강한 몸은 필수다.

5. 1,000명 앞에서 강연하기

코로나 때부터 1인 기업가가 되어 온라인 줌으로 강의를 해왔다. 분야는 책 쓰기고 세부적으론 전자책, 공동 저서, 자서전 쓰기다. 어린 시절엔 내성적이고 소심했기에 사람들 앞에서 말하는 게 매우 두렵고 힘들었다. 그랬기에 늘 많은 사람 앞에서 자신 있고 여유 있게 강의하는 내 모습을 꿈꿔왔다.

주로 온라인으로 하고 가끔 외부 특강이 들어오면 오프라인에서도 강의한다. 온라인이 더 익숙해서인지 오프라인은 아직도 조금은 어색하고 불편한 감이 있다. 시선 처리와 발성 등에서 좀 더 잘해야 한다고 생각한다. 곧 1,000명의 관중 앞에서 멋지게 강의하는 모습을 상상한다.

6. 제주도 올레길 완주하기

최근 관광 인구가 줄었다지만 여전히 제주도는 매력적인 여행지다. 여러 번 다녀왔지만 대부분 2박 3일 내외의 일정이라 아쉬움이 남는다. 한 달 정도 머물며 올레길 전체를 걸어보고 싶다. 아름다운 자연 풍경도 보고 나와, 가족들과 더 많은 대화를 나누고 싶다.

7. 백두산 등정

등산이 좋아서 한라산 등의 많은 산을 다녔다. 올라가고 내려올 때는 힘들지만 정상에서 아래를 내려다볼 때의 성취감과 기분은 매우 좋다. 해외의 에베레스트 같은 큰 산들도 가보고 싶기는 하지만 엄두가 안 나고, 백두산은 꼭 가보고 싶다.

8. 가족들과 10개국 해외여행

해외여행은 늘 로망이다. 아이들도 좋아한다. 이제 아이들이 중학생들이라서 같이 다닐 수 있는 날이 그렇게 많지가 않다. 더 크기 전에 많은 나라를 함께 다녀보고 싶다.

9. 죽음 체험하기

죽음을 직시, 인지고 사는 사람은 삶의 농도가 다르다. 몇 년 전에 지인들과 죽음 체험을 하려고 알보다가 못했던 경험이 있다. 내 삶의 소중함을 더욱 인지하기 위해 꼭 필요하다고 생각한다.

10. 10층 나연구소 사옥 건축

사업을 시작할 때부터 내 사옥을 꿈꾸었다. 10층짜리 건물에 카페, 강의장, 헬스장, 요가 센터 등이 들어간 성장과 힐링 아카데미 건물을 만들고 싶다. 생각만으로도 마음이 설렌다.

NO.2

이은미

❏ 소개

1. 오색발전소 대표
2. 한국미래평생교육원장
3. 오색그림책방 운영
4. 한국작가협회 부회장 & 포천지부장
5. 그림책심리성장연구소 경기1지부
6. 전자책, 공동저서. 자서전출판 전문
7. 종이책, 전자책, 그림책, 개인저서 포함 58권 작가

❏ 연락처

1. 블로그: https://blog.naver.com/mi2241
2. 네이버 검색: 그림책코치 이은미, 오색그림책방

나를 완성하고 설레는 꿈

바람이 스치는 자리마다 시간의 흔적이 남는다. 나는 그 흐름 속에서 나만의 길을 걷고자 항상 노력했다. 내 삶을 한 권의 책으로 엮어가듯, 소중한 버킷리스트를 펼쳐 본다.

첫 장, 배움의 길 위에서 지식은 단순히 머무르는 것이 아니라 흐르는 것이다. 깊은 사유와 성찰이 담긴 논문을 쓰고 싶다. 한 문장 한 문장을 써 내려가며 세상과 소통하는 과정은 나를 더욱 단단하게 만들 것이다. 또한, 내 경험과 깨달음을 담아 다섯 권의 개인 저서를 출간하고, 배움을 나눌 수 있는 교재를 만들고 싶다. 지식이란 공유될 때 더욱 빛이 난다. 전자책 지도사를 양성하며, 나와 같은 길을 걷고자 하는 이들에게 길잡이가 되고 싶다.

두 번째 장, 세상을 향한 발걸음. 눈앞에 펼쳐진 유럽의 광활한 대지를 거닐고 싶다. 낯선 곳에서 새로운 언어와 문화를 마주하며 내 안의 세계가 확장되는 순간을 경험하고 싶다. 여행은 나를 다시 나로 돌아오게 하는 길이니까. 그리고 나는 경제적 자유를 이루어, 단단한 기반 위에서 더 멀리 나아가고 싶다. 현금 천만 원을 모아 미래를 위한 씨앗을 심고, 나아가 세상을 넓게 바라볼 수 있는 3층 건물의 주인이 되고 싶다. 단순한 재산을 넘어, 나의 가치와 철학을 담을 수 있는 공간이었으면 한다.

세 번째 장, 몸과 마음의 균형. 건강한 몸은 건강한 삶의 시작이다. 내 몸을 더욱 가꾸고 단련하여, 힘 있고 아름다운 존재가 되고 싶다. 몸짱이 된다는 것은 단순히 겉모습을 가꾸는 것이 아니라, 내면의 힘을 기르는 과정이다. 또한, 나만의 그림책을 유통하여 더 많은 이들에게 꿈과 희망을 전하고 싶다. 책 속의 한 장면이 누군가에게 위로와 용기가 되기를 바라며.

마지막 장, 나누며 살아가기. 나의 지식과 경험을 바탕으로, 한국미래평생교육원 바우처 사업을 통해 배움이 필요한 이들에게 다가가고 싶다. 배움은 모두에게 공평하게 주어져야 하는 선물이니까. 나는 단순한 지식 전달자가 아니라, 함께 꿈꾸고 성장하는 조력자가 되고 싶다.

"아무것도 하지 않으면 아무것도 일어나지 않는다." 바람처럼 스쳐 지나가는 시간이 아니라, 내 삶을 채우는 시간이 되기를. 은미는 은미여서 은미답게, 은미가 되어 간다. 나의 버킷리스트는 단순한 꿈이 아니다. 그것은 나를 이루는 조각들이며, 내가 만들어갈 찬란한 이야기들이다.

내면이 아름다운 지혜로운 여자로 나이 들기를, 그리고 그 길 위에서 나 자신을 더욱 사랑하기를. 오늘도 나는 한 걸음 내디딘다. 행동하는 순간, 꿈은 현실이 된다.

아무것도 하지 않으면 아무 일도 일어나지 않기에 원하는 삶을 살기 위해서는 스스로 한 걸음 내디뎌야 한다. 그런 꿈들은 나를 이루는 조각이 된다. 버킷리스트는 단순한 목표가 아니라, 나 자신을 완성해가는 과정이다. 하나씩 실현해 나가며 성장하는 나를 발견할 수 있다. 나답게, 나의 길을 걸어가자. 남의 시선이 아니라, 나만의 방식으로 삶을 살아가는 것이 중요하다. '**은미는 은미답게**'라는 말처럼, 각자의 색깔을 잃지 않고 꿈을 향해 나아가자.

버킷리스트는 희망과 동기부여로 자신의 꿈을 다시 돌아보게 하고, 현실적으로 도전할 용기를 준다. 더하여 삶의 방향성을 탐색하고 나의 목표와 가치관을 점검하며, 나만의 삶을 설계할 기회를 제공한다. 그리고 성장의 의미로 나를 재발견 할 수 있다. 버킷리스트를 채워가는 과정에서 삶의 소중한 순간들을 발견하고, 성장의 기쁨을 느낄 수 있다.

버킷리스트를 작성하고 실천하는 과정이 곧 자기 계발이자 성장이다. '**나도 할 수 있다**'는 자신감을 얻고, 작은 목표부터 실천해 나가는 힘을 기를 수 있다. 삶의 의미와 방향을 다시 생각하며, 내가 진정 원하는 것이 무엇인지 성찰하는 계기가 된다. 지금 바로 적어보자.

NO.3

조유나

❏ 소개

1. 유나리치 인카금융서비스 대표
2. 한국개척영업컨설팅연구소 대표
3. 더 베스트금융 연도대상 금상
4. 개척영업 전국 1위 인기강사.
5. 1대1영업진단 코칭, 억대연봉 메신저
6. 전자책, 종이책 포함 16권 출판
7. 개척으로 연도대상. 억대연봉 수강생 다수
8. 닉네임: 유나리치 개척여신 조유나
9. 개척 오픈 톡방 900명 설계사 방장
10. 설계사 브랜딩을 디자인하는 인생카운슬러

❏ 연락처 010 2415 5999

1. 네이버 검색: 조유나의톡톡
2. 블로그: younarich1004
3. 인스타: @younarich
4. 유튜브: 조유나의톡톡

You&Na리치 버킷리스트
나는 원하는 것을 다 이루고 산다

◆ 조유나의 버킷리스트 ◆

1. 즐기면서 일하고 돈 벌기
2. 아이 낳기 전 집 장만하기
3. 월 1천만 원 수익 달성하기
4. 나만의 브랜드 만들기
5. 책 쓰고 작가 되기
6. 억대 연봉 메신저 되기
7. 수강생 월 천만 원 소득 달성하기
8. 〈클래스유〉 온라인 강의 만들기
9. 인기 강사 되기. 인기 유튜버 되기
10. 월 1억 원 소득 달성하기!

버킷리스트를 즐겁게 완성하기 위한 첫 단계는 우리 자신의 열망과 가치를 파악하기이다.

1. 자기반성: 무엇이 가장 중요한지, 어떤 경험이 행복을 주는지 생각해 보는 과정이다.
2. 목표 설정: 원하는 경험이나 목표를 자유롭게 적어 보는 단계로, 크고 작은 것들을 모두 포함한다.
3. 우선 순위 매기기: 자신에게 가장 의미 있는 목표부터 적어보고 우선순위를 매기는 과정이다.

☑ 목표 설정 과정

 - 목표 설정 과정은 내가 진정으로 원하는 목표를 명확히 하고, 즐거운 마음으로 나아갈 수 있도록 돕는다.

1. 자기반성: 개인의 가치와 열망을 탐색하는 단계이다.
2. 목표설정: SMART 원칙, 구체적이고 측정가능 목표설정
   - Specific (구체적): 목표를 명확히 정의한다.
   - Measurable (측정 가능): 목표 달성을 측정하기
   - Achievable (달성 가능): 현실적인 목표를 평가
   - Relevant (관련성): 개인 가치관과 연결된 목표 확인
   - Time-bound(기한설정): 목표 달성을 기한 설정
3. 우선순위 매기기: 목표의 중요도와 시급성에 우선순위
4. 세부 계획수립: 목표를 달성하기 위한 세부 단계 작성
5. 리소스 확보: 목표 달성을 위해 필요자원과 정보조사
6. 진행상황 체크: 체크리스트를 만들어 기록하고 점검
7. 동기부여 유지: 비전 보드, 작은 성취 지속적 동기부여

☑ 긍정적인 마인드 유지하기

 - 긍정적인 마인드는 목표 달성에 중요한 역할을 한다.
 - "나는 왜 하는 일마다 잘되지"라는 문구를 통해 긍정적인 사고를 강조한다.
 - 이 문구를 믿음으로써, 기분 좋은 일상을 웃으면서 보내고, 생각하는 대로 모든 것을 이룰 수 있다고 믿는다.

믿는 대로 다 이루어지니, 일상을 웃으면서 보내고 생각하는 대로 다 이룰 수 있다.

☑ 버킷리스트 작성을 위한 영감을 줄 수 있는 서적 추천

1. 《버킷리스트: 인생의 목표를 이루는 100가지 방법》
다양한 목표와 경험을 통해 인생을 풍요롭게 만드는 방법

2. 《The 5 AM Club》 by Robin Sharma
성공적인 삶의 아침 루틴과 목표설정 방법에 대한 통찰

3. 《Die With Zero》 by Bill Perkins
인생에서 경험과 목표를 우선시하여 재정자유 얻는 방법

4. 《The Happiness Project》 by Gretchen Rubin
행복을 추구하는 과정에서 다양한 목표를 설정 달성방법

☑ 워크북

1. *버킷리스트 워크북* - 다양한 질문과 활동을 통해 자신의 목표를 정리할 수 있는 워크북이 많이 출판되어 있다. 버킷리스트를 준비하기 위한 서적과 워크북을 통해서 더 빨리 성과를 낼 수 있게끔 도와준다.

긍정 여신이 알려주는 마법의 문구 함께 해요!

"나는 왜 하는 일다 잘 되지"

나는 버킷리스트를 더 많이 적어보려고 한다.
왜냐하면 적은 대로 다 이뤄지니 너무 신기하다.
적는 대로 다 된다. 다 이뤄지니 우리 함께 해요!
너와 내가 함께 부자 되기 - 조유나와 함께

유나리치 **you & na rich 조유나**

NO.4

박선희

❏ 소개

1. 더원인재개발원 / 더원출판사 대표
2. ㈜ESG경영연구원 이사
3. (재)경남여성가족재단 리더아카데미강사
4. 한국평생교육사협회 상임이사
5. 한국자서전협회사무국장. 창원지부장
   전자책출판전문가 강의 진행.
6. [전]경남카네기리더십연구소 전문강사
7. 교육학박사수료
8. 작가, 블로거
9. 네이버 인물검색: 박선희작가/닉네임: 오이작가

❏ 연락처

1. 블로그: https://blog.naver.com/wakeupsun
2. 네이버 검색: 박선희작가, 전문직업인.

빨간 손과 파란 손의 조화

나를 찾는 하루 5분 코칭스킬
1. 갖고 싶고, 하고 싶고, 되고 싶은 것은 무엇인가?
2. 내 삶의 보물 지도, 버킷리스트는 무엇인가?
3. 보물 지도, 버킷리스트로 얻은 삶의 영향은 무엇인가?

오래된 짐을 정리하다가 버킷리스트와 보물 지도를 발견했다. 뽀얀 먼지가 쌓여 누런 종이가 되었다. 15년 전 존 고다드의 『보물 지도』 책을 읽고, 가족이 함께 모여 만든 것이었다. 초등학생이었던 아이들은 갖고 싶고, 하고 싶고, 되고 싶은 것을 리스트에 100개 적고, 그중 가장 이루고 싶은 것을 골라 잡지에서 오려 붙였다.

절반이 이루어져 놀랐다. 내 이름의 사업하기, 내 명의의 집 갖기, 상가 임대 사업자로 월세 받기, 마라톤 풀코스 완주, 지리산 하루 만에 종주, 박사과정, 기업 명강사 되기, 아이들 원하는 진로로 코칭, 남편과 은혼식, 호스피스 봉사, 호주에서 지구 배꼽 보기(호주는 갔지만, 지구 배꼽은 못 봤다), 모녀 3대 여행 (친정엄마, 딸과 함께 크루즈로 다녀왔다). 작가 되어 베스트셀러 책 출판하기(옴니버스 인생 책 쓰기로 이루었다)

이제 새로운 마음으로 버킷리스트를 작성해 본다.

1. 남편과 금혼식 하기

결혼기념일 25년은 은혼식, 50년은 금혼식. 스무 살에 만나 은혼식을 했으니 보통 인연이 아니다. 100세 시대라 하는데 지금 남편과 마지막까지 손잡고 가고 싶다.

2. 시 집 내고 시인으로 등단하기

학창 시절 백일장 상을 받고 언젠가 시인이 되어야겠다는 꿈을 꾸었다. 잊혔던 꿈. 오십이 넘어 올해 도전하고 있다. 100편을 쓰고 나면 개인 저서를 낼 생각이다. 그리고 시인 등단도 도전하고, 후배도 양성하고 싶다. 그러기 위해 오이 작가로 꾸준히 출판해야겠다.

3. 해파랑길 완주하기

부산오륙도에서 강원도 고성까지 700킬로. 산티아고와 비슷한 거리다. 가보고 싶다.

4. 100 산 완주하기

러너스 멤버들과 함께 1년 7~10개 산을 정해 등반하기로 했다. 올해 첫 시작이다. 함께 자전거 종주, 지리산 종주도 하며 도전하는 멤버. 등산을 위해 매일 건강관리를 해야 한다.

5. 호스피스센터 지원하기

호스피스 병원, 포교사로서 국립대학교 병원에 후원금과 대면 봉사를 하고 있다. 강사라서 재능 기부도 한다. 쓰임새가 있어서 감사하다. 건강이 허락하는 한 꾸준히 봉사하고 싶다.

6. 호주 오가며 사업하기

세계 여러 곳에 연수나 여행을 다녀왔다. 호주가 가장 매력적이었다. 1년에 한 달은 호주에서 살다 오는 삶을 살고 싶다.

7. 가족 4대 여행 가기

감히 버킷리스트에 써 본다. 손자 손녀를 만난다면 기쁘겠다. 가족 간에 우애가 좋아야 여행을 갈 수 있다.

8. 사전 장례식

영화에서 말기 암 환자의 사전 장례식을 보았다. 웰다잉 강의를 해서인지, 죽음을 맞이할 준비를 하나씩 해 두었다. 죽음이 낯설지 않다. 죽기 전 사랑하는 사람들, 여러 인연과 잘 마무리하고 가고 싶다. 지금부터 준비하면 된다.

9. 나를 만나는 사람이 웃음으로 행복하기

만나는 사람의 가슴에 희망의 씨앗을 꽃피우는 품성을 갖도록 노력한다. '선한 희망의 리더 박선희.' 이름처럼 베풀며 살려고 노력한다.

10. 빨간 오른손과 파란 왼손

세상을 잘 사는 것은 나와 내 가족을 위한 빨간 손, 타인을 위한 파란 손이 있어서 양손을 조화롭게 잘 쓰는 사람이라고 한다. 이 좋은 세상 소풍이 끝나 갈 때 양손을 아낌없이 잘 쓰고 가고 싶다.

NO.5

장예진

□ 소개

휘게 심리상담센터 대표
보육교사, 사회복지사, 평생교육사, 다문화교원 자격증
상담심리 치료 박사(PHD), 미술치료사 심리검사 전문가
1급상담심리 치료사, 언어 치료사
애니어그램 상담 강사 성폭력 상담 전문가
가정폭력 상담 전문가 학교폭력 상담 전문가
갈등조정 상담사 이마고 부부 상담사
인성지도사 1급 독서 논술 지도사
*저서: 무심에서 감성으로 감성시집(공저)
쪼가 있는 사람들의 결단(공저)

□ 연락처

이메일: cosmos9377@hanmail.net
블로그: https://m.blog.naver.com/jso0426/222466689265
유튜브: 장예진TV
전화: 010-2449-9377

나는
후회 없는 인생을 산다

생각만 해도 기분이 좋아지고 마음이 설레는 내 인생 버킷리스트를 적어본다.

1. 큰돈을 만들어서 귀한 곳에 쓰기
2. 5층짜리 건물 매입하기(원로 목사님 사모님들의 쉼터 만들기. 목사님 사모님 합창단 만들기)
3. 나의 그릇을 키우고 돈과 인생의 주인이 되는 삶 살기
4. 돈 벌어서 내 이웃들에게 가슴 뛰고 보람 있게 베푸는 삶 살기
5. 풍성한 축복의 삶 누리기
6. 선교센터를 필리핀에 세우기
7. 무엇을 하느냐보다 누구와 함께하느냐를 먼저 생각하기
8. 나의 인생 그릇을 크게 넓게 만들기
9. 남의 허물 말하지 말기
10. 언젠가 삶이 끝나는 것이라면 사랑과 행복의 빛깔로 칠해야 한다.
11. 스위스로 가족 여행가기
12. 내게 온 어려움 내게 복이다. 이 모든 아픔과 상처가 나를 발전시키는 일을 내가 될 때까지 하기

누구와 함께하느냐가 다른 결과를 만든다. 삶과 목표에 대해 명확

한 태도를 보이려면 정기적으로 자신을 초기화할 필요가 있다. 환경은 생각보다 힘이 세다. 일중독인 나에게 휴식과 회복 시간이 필요했다. 건강 디자이너로 보람 있는 삶, 돈도 벌고 도움 주며 살다가 아름다운 삶으로 마무리한다. 주의를 분산시키는 요인을 제거하고 아름다운 삶을 살기 위해서다.

나는 왜 일을 하는가? 환경의 변화, 건강의 문제를 열린 마음으로 받아들일 수 있는가? 내가 지금 어떤 자리에서 넋 놓음 속에 갇혀 있음을 깨닫게 되었다. 치료 상담사로 학위를 받고 치료 상담사로서 나 자신을 보게 되는 순간 마음을 재건축하게 되었다. 내가 바라고 원하는 길을 열어달라고 기도하기 시작했다. 나의 삶을 마음껏 쓸 수 있는 대표님을 다시 만남의 복으로 이어졌다.

내 삶의 산전수전을 쓰면서 나의 주변 환경을 정리하기 시작했다. 실행이란 단순한 결정이었다. 내 삶의 법칙은 무엇인가? 소통이 안 되는 불통의 환경 속에서 나 자신을 일으켜 세우게 되었다. 극복하기 버거운 시련이었지만 충격과 아픔을 치유하게 되었다.

책 속에 답이 있었다. 견디기 힘겨운 감정 쓰레기를 대청소하게 되었다. 청소하고 바로 첫 스승인 우경하 대표님의 블로그를 보는 순간 바로 연락했다. 언제나 변함없는 대화를 하면서 책 쓰기를 바로 시작하면서 삶의 기쁨이 되고 보람 있는 삶이 되었다.

그동안 책 속에 잠수하면서 넘어질 수는 있지만 실패하지 않는 삶으로 전환했다. 충격과 아픈 상처들을 디딤돌 삼고 보니 자신에게 칭찬했다. 나의 삶은 이제부터 다시 시작한다. 한번 포기하면 습관이 되는데 내 삶을 바꾼 습관을 쓰면서 행복해졌다. 내 마음에 상처

주지 않는 습관이 되었다.

  어떤 환경이 예고 없이 다가와도 절대로 나 자신을 포기하지 않으리라. 결단하게 되었다. 정주영 회장이 남긴 말이 생각났다. 실패는 실험이다. 실패를 또 다른 의미로 성공이라고 말했다. 실험이라고 생각하면 인생이 즐겁다고 남기셨다. 삶이 다하기까지 끝까지 포기하지 말고, 행동해야겠다.

> *"때로는 살아 있는 그것조차도 용기가 될 때가 있다."*
>   -세네카-

  울컥 눈물이 났다. 실행이란 단순한 결정으로 단계별 경험을 통해 이루는 단계에 집중하면 성과를 만드는 행동이라고 말했다. 내 인생을 바꾸는 좋은 습관의 삶으로 내 삶에 긍정적인 생각으로 살아가기로 결단하는 삶이 되었다. 어떤 어려움도 나의 결단을 무너뜨릴 수 없다.

  삶은 모험의 연속으로 이어져 가는 것인데 희망을 잃지 않는 삶을 보람 있게 살아야겠다. 내 삶은 나 자신이 만드는 삶인데 끝까지 책 쓰기로 도전하며 좌절의 연속에도 미소를 잃지 않으며 후회하지 않는 삶을 살아야겠다고 결단했다. 내 삶에 관한 책 쓰기가 내 삶의 선물이다.

  내 삶의 주인공으로 현재가 행복하다.

NO.6

최윤정

❏ 소개

1. 윤정교육연구소 소장
2. 공저 '내 삶을 바꾼 책' 베스트셀러 작가
3. 공저 '내 삶의 산전수전' 베스트셀러 작가
4. 공저 '내 삶을 바꾼 귀인' 베스트셀러 작가
5. 공저 '내 삶의 감사일기' 베스트셀러 작가

❏ 연락처

1. 블로그: https://blog.naver.com/fancyyj
2. 메일: fancyyj@hanmail.net

연극과 미국 유학

나는 어린 시절부터 욕심이 많은 아이였다. 가정 형편이 넉넉하지 않았지만, 초등학교 6학년 때 부모님의 가게가 잘 되면서 학원에 다니고 과외를 받을 수 있었다. 그 덕분에 가야금을 배우고, 피아노도 꾸준히 쳤다.

하지만 돌이켜보면 악기를 다루는 재능이 없었다. 하고 싶다는 마음만 컸지, 열심히 연습하지는 않았다. 결국 가야금과 피아노를 포기하고 초등학교 5학년 때 합창부에 들어갔다. 다행히 아빠를 닮아 목소리가 크고 힘이 있어 소프라노를 맡았고, 대회에서는 금상과 최우수상을 받기도 했다.

6학년 때 담당 선생님은 나를 합창 중 솔로 파트에 세우고 싶어 했지만, 성량이 충분하지 않아 세 명이 함께 나서게 되었다. 중학교에 진학했을 때 선생님은 계속 합창을 하길 원했지만, 나는 연극이 하고 싶었다. 배우가 되고 싶었다.

연극반에 들어가 공연을 하고, 배우의 꿈을 키웠다. 고등학교에서도 연극반 활동을 이어가며 3년 내내 무대에 올랐다. 전국 대회에서도 학교뿐만 아니라 개인적으로 상을 받을 만큼 열정적이었다. 내 꿈은 단 한 번도 바뀐 적이 없었다. 배우가 되고 싶었다. 하지만 대학을 결정하는 순간, 부모님의 반대가 컸다.

연극배우는 먹고살기 힘들다며 원서조차 쓰지 못하게 하셨다. 차라리 떨어졌다면 미련이 없었을 텐데, 시도조차 하지 못한 것이 지금도 한으로 남는다. 그래도 성인이 되어서까지 고등학교 연극반 선생님과 매년 공연을 올렸고, 한해는 직접 연출을 맡아 무대에 올린 적도 있다. 여전히 가슴이 떨리는 기억이다.

그래서 나의 첫 번째 버킷리스트는, 언젠가 다시 연극 무대에 서는 것이다. 예전에는 주인공이 아니면 의미가 없다고 생각했지만, 이제는 단역이라도 좋다. 그저 다시 무대 위에서 연기를 해보고 싶다.

나는 26에 대학원에 진학했고, 27살에 결혼했으며, 28살과 29살에 두 아들을 출산했다. 대학원 교수님은 나를 보며 *"넌 욕심도 많다. 대학원 와서 결혼도 하고, 애도 낳고, 다 했네, 다했어"* 라고 하셨다. 정말 많은 걸 했다. 그리고 연극영화과에 가지 못한 것 빼고는 하고 싶은 일을 거의 다 해보며 살아왔다.

하지만 여전히 후회가 남아 있는 한 가지가 있다. 바로 유학을 가지 못한 것이다. 어릴 때 외사촌 오빠가 군대 다녀온 후 건설 현장에서 일용직으로 번 돈으로 유럽 여행을 떠났다. 그리고 복학 후 교환학생으로 호주에 갔고, 거기서 한국 학교를 포기하고 호주 대학으로 진학했다.

지금까지도 호주에서 살고 있다. 나는 그런 오빠가 멋져 보였고, 나도 외국에서 살아보고 싶었다. 다행히 내가 성인이 되었을 때 우리 집의 경제적 형편은 유학을 보낼 수 있을 정도로 나아졌지만, 문제는 나 자신이었다.

낯선 곳에서 혼자 살아갈 용기가 없었다. 결국 스스로 포기했다. 대학원에 가보니 결혼 후 미국으로 유학을 떠나는 조교도 있었고, 호주에서 공부를 마치고 돌아온 동기도 있었다. 박사 과정을 밟으면서 더 큰 후회가 밀려왔다.

내가 선택한 학문에는 유학을 다녀온 사람들이 많았고, 원서를 읽어야 할 일이 많았다. 나는 그걸 모르고 살아왔다. 만약 그때 용기를 내어 유학을 다녀왔다면, 내 인생이 어떻게 달라졌을까? 해외에서 공부하며 더 넓은 시야를 가질 수 있지 않았을까?

그래서 나는 지금도 제자들에게 말한다. "*젊었을 때 꼭 유학을 다녀와라. 다른 건 내가 다 해봐서 후회가 없지만, 유학을 가지 못한 건 정말 후회된다. 그건 때가 있더라. 너희들은 꼭 다녀와 보렴.*"

이제 내 두 번째 버킷리스트는, 60살이 되면 유학을 떠나는 것이다. 두 아들이 장성한 후, 꼭 공부하러 가고 싶다. 그래서 지금도 매일 영어 공부를 조금씩 하고 있다. 젊은 시절에는 하지 못했지만, 멋진 할머니가 되어 미국에서 공부하는 내 모습을 상상하며 준비하고 있다. 그것이 나의 버킷리스트다.

NO.7

이연화

❏ 소개
1. 작가 - 《내 삶의 귀인, 내 삶의 감사일기》 공저책 출간
2. 한국그림책작가협회 회원, 그림책지도사
3. 경기도사회복지사협회 회원
4. (사)한국동화구연지도사협회 회원
5. 그림책작가 - 《날아라, 민들레야》 : 관내도서관배포용
6. 자이언트 백작 부족 작가 활동중
7. 닉네임: 그림책과함께

❏ 연락처
1. 네이버 검색: 그림책과함께
2. 인스타 검색: lover_b00k

내가 꿈꾸는 세상,
작은 온기

"이 세상에서 가장 중요한 것은 인간에게 주어지는 사랑과 배려입니다." - *앨버트 슈바이처*

어느 날 문득, 길을 걷다가 작은 동네 서점 앞에서 발걸음을 멈추었다. 특별한 목적이 있었던 건 아니다. 그저 마음이 지칠 때마다 자연스레 책을 찾던 습관 때문이었을지도 모른다. 문을 열고 들어서니 따뜻한 조명이 비추는 공간에 잔잔한 음악이 흐르고, 서가마다 오래된 책 냄새가 은은하게 감돌았다. 책장을 넘기며 이곳저곳을 기웃거리다가 한 권의 그림책이 눈에 들어왔다. 김장성 작가의 『민들레는 민들레야』. 제목을 보는 순간, 알 수 없는 감정이 차올랐다.

책을 펼치자마자 나도 모르게 울음이 터졌다. 그동안 눌러두었던 감정들이 한꺼번에 쏟아져 나왔다. 얼마나 울었을까. 고개를 들었을 때 내 옆에는 온수가 담긴 종이컵과 휴지가 놓여 있었다. 말없이 전해진 작은 배려에 다시금 눈물이 차올랐다. 그날, 나는 알게 되었다. 아주 작은 온기 하나가 얼마나 큰 위로가 될 수 있는지를. 그리고 나도 그런 공간을 만들고 싶다고 생각했다. 그렇게 나의 버킷리스트가 생겼다.

✓ 첫 번째는 '북스테이 책방'을 운영하는 것이다

누구나 조용히 머물며 책을 읽고, 마음을 내려놓을 수 있는 곳. 따뜻한 차 한 잔과 함께 스스로를 돌아볼 수 있는 공간. 나처럼 지친 마음을 가진 사람들이 편히 쉬어갈 수 있는 그런 곳을 만들고 싶다. 이 꿈을 이루기 위해 국내를 여행하며 독립 서점들을 직접 방문해 보고 싶다. 저마다 다른 분위기와 개성을 가진 작은 서점들을 찾아가 나만의 공간을 그려볼 것이다.

✓ 두 번째는 '그림책 작가'가 되는 것이다

『민들레는 민들레야』를 만났던 그날 이후, 나는 그림책이 가진 힘을 알게 되었다. 보육교사로 아이들을 만나던 시간도 떠오른다. 아이들의 맑은 눈빛과 해맑은 웃음, 그리고 책을 읽어주던 순간들. 힘들어도 아이들과 함께하는 그 시간이 얼마나 큰 행복이었는지 모른다. 그 따뜻했던 기억을 담아 나만의 그림책을 만들고 싶다. 내가 써 내려간 이야기와 그림이 누군가에게 작은 위로가 될 수 있다면, 그것만으로도 충분할 것 같다.

✓ 세 번째는 '건강'하게 사는 것이다

40대가 되면서 몸과 마음이 지쳐가는 순간이 많아졌다. 병원 치료를 받으며 하루하루를 버티고 있지만, 나는 더 건강해지고 싶다. 치료를 잘 받고 몸을 회복해서 내가 원하는 일들을 마음껏 하며 살고 싶다. 무엇보다도 내 삶을 내가 원하는 방식으로 온전히 살아내고 싶다.

✓ **네 번째는 '여행'을 다니며 조용히 나를 돌아보는 시간을 갖는 것이다**

사진도 찍고, 여행 속에서 만난 풍경들과 사람들에 관한 글을 써 보고 싶다. 여행이 단순한 쉼이 아니라, 나 자신을 찾는 과정이 되기를 바란다. 그리고 그 기록들이 언젠가 또 다른 누군가에게 위로가 될 수 있기를 꿈꾼다.

✓ **마지막으로, '이야기 들려주는 할머니'가 되고 싶다**

어릴 적, 할아버지와 엄마가 들려주시던 이야기들이 내 마음속에 따뜻한 추억으로 남아 있다. 어른이 되어서도 그 추억은 나에게 세상의 어려움을 이겨낼 힘을 주고 있다. 나도 누군가에게 그런 존재가 되고 싶다. 어린이들에게 이야기를 들려주고, 그들의 마음에 따뜻한 불빛 하나를 켜줄 수 있는 사람이 되고 싶다. 시간이 흘러도 변하지 않는 것들처럼, 나의 목소리도 누군가의 기억 속에 오래도록 머물기를 바란다.

나의 버킷리스트는 단순한 목표가 아니다. 그것은 내가 받은 따뜻한 배려를 다시 누군가에게 전하고 싶은 마음이며, 내가 걸어가야 할 삶의 방향이기도 하다.

삶이 버겁고 지칠 때, 누군가 나의 책방에서 잠시 쉬어갈 수 있기를, 나의 그림책에서 위로를 얻을 수 있기를, 그리고 나의 목소리를 통해 마음 한편이 따뜻해질 수 있기를 꿈꾼다. 그렇게 나의 작은 바람들이 세상 어딘가에서 누군가의 마음을 감싸안을 수 있기를 소망한다.

NO.8

심푸른

◻ 소개

1. 전남대학교 석, 박사학위 취득
2. 대한웰다잉협회 전문 강사
3. 대한웰다잉협회 광주 남구 지회장
4. 노인 사별 배우자 전문상담사
5. 노인통합교육지도사
6. 노인심리상담사
7. 한국자서전협회 광주지부장
7. 닉네임: 심프로, 로초 작가

◻ 연락처

1. 메일: mindonbook@naver.com
2. 블로그: https://blog.naver.com/simbluebook

꿈틀거리는
삶의 욕망을 찾아서

내가 생각하는 버킷리스트는 살아서 꼭 하고 싶은 일이다. 그리고 그 목록은 **꿈틀거리는 삶의 욕망**이 있을 때 써진다는 것을 알았다. 누군가의 꿈을 좇아가거나 그저 있어 보이는 꿈이 아니라 한 가지라도 내가 실천하기 위해서 노력하는 항목이다.

내가 생각했던 버킷리스트와 타인의 버킷리스트 사례를 들면서 나의 버킷리스트 목록을 공개하고자 한다. 나는 지금까지 버킷리스트를 작성해 보지 않았다. 그러나 인생 설계도는 30대 중반부터 작성해 왔고 그 흐름대로 실천해 나가는 내 모습을 만나기도 했다.

타인의 사례다. 어느 복지관에서 상담 중에 '나의 꿈나무'라는 제목으로 80세 내담자에게 5년 이내에 이루고 싶은 3가지를 적어보게 했다. 그중에 한 가지는 동해안 일주도로를 타고 차박하면서 친구 한 명과 함께 여행하고 싶다는 것이었다. 내가 내 삶의 주인공이라면 버킷리스트는 연령과 무관하게 웰다잉을 실천할 수 있는 길을 찾아가는 데 도움을 주는 것 같다. 버킷리스트는 죽기 전에 하고 싶은 일의 목록이라는 표현보다는 살아서 하고 싶은 일이라고 하고 싶다.

내가 생각하는 버킷리스트는 거창한 것이라기보다 일상에서 소소한 삶의 기쁨을 누리는 것을 전제한다. 내가 열심히 살면서 하고 싶은 버킷리스트를 카테고리별로 정리했다.

✓ 일(공부)

80대까지 강의와 저술(500권 쓰기)을 꾸준히 출간하기. 5년 단위로 자서전 증보판 후 개인 출판전시회. 60세까지 직장 생활. 이후 웰다잉 강의와 자서전 쓰기에 몰입.

✓ 건강 및 여가

맨발 걷기. 탁구대회 출전. 자전거 타고 일주하기. 치매 예방 운동으로 글쓰기. 식탁에 과일이 끊이지 않는 것. 흰 이를 드러내고 항상 웃으며 사진 찍을 수 있는 표정 관리. 몸무게 52kg대 유지하기.

✓ 재정(쇼핑)

카드 지출 줄이고 현금화하기. 매월 최소 300만 원 고정 수입 창출. 스위스 명품 손목시계 구입. 깨끗한 남향 8~11층 사이로 이사. 나만의 보물 같은 작업 공간 갖기(앞에는 강, 뒤에는 산, 텃밭과 정원이 있는 곳). 최고급 노트북과 태블릿 구입.

✓ 관계

지인에게 편지쓰기. 매달 1회씩 가족과 만나기. 형제 부모와 상, 하반기 정기적 모임으로 우애 다지기. 화해가 필요한 사람과 연락하기. 지인과 주기적 차담.

✓ 가정: 온 가족이 예배로 하나 되기

외식(매달 1~2회). 텃밭(상추 종류대로 심기). 정원(계절별로 꽃이 피어나는 화원 갖기). 공간(집 안 정리). 마음 정리.

✓ 취미

캘리그라피 10년 후 개인 전시회. 관광 명소 드라이브하며 캠핑하기. 꾸준히 블로그 운영하여 이웃 추가 늘리기. 매년 프로필 사진 업데이트.

✓ 경험

출렁다리 건너기 도전(두 번 시도에도 실패함). 대학 강의(인재 양성과 사람 코칭). 아들과 딸의 절친들과 차 마시고 식사하면서 캠핑해 보는 것. 엄마 모시고 6남매와 함께 해외 여행하는 것. 성취감을 느낄 수 있는 일을 자주 찾아 실천하기. 재능 기부로 봉사활동.

✓ 여행

전국 문학관 투어. 크로아티아. 안나푸르나 트래킹. 이탈리아 투어. 산티아고 순례길 등.

버킷리스트를 작성하면서 자신이 좋아하는 것과 내가 누구인지를 확인할 수 있었다. 고단한 삶에서 한 줄기 햇빛을 가득 담은 호사를 누리는 듯한 기분이다.

버킷리스트를 쓰면, 내 삶이 보인다.

NO.9

김 정

❑ **소개**

1. 피부 국제대회 은상.
2. 전 DB손보 멘토
3. 전 DB손보 루키상
3. 전 메리츠화재 지점장.
4. 전 메가푸른에셋 지사장
5. 우수인증 설계사(2024)
7. 인카금융서비스(주) S.T사업단 대표.
8. 내 인생의 터닝포인트 공동 저자.

❑ **연락처**

인스타그램: kim.jung2520

나를 설레게 하는 버킷리스트 10가지

인생은 한 번뿐이기에 내 삶을 온전히 살아내고 싶다. 꿈을 이루기 위해 매일 노력하고 내 가능성을 최대한 발휘하는 인생을 살고 싶다. 이 버킷리스트는 단순한 바람이 아니라, 내 인생의 방향을 설정하고 이루고자 하는 목표다. 각각의 목표를 이루면서 성장하고, 더 나은 삶을 만들어갈 것이다.

1. S.T 사업단 500명 만들기

내가 꿈꾸는 비즈니스 모델을 완성하기 위해서는 탄탄한 조직이 필요하다. 500명의 전문가가 모인다면, 단순한 보험 영업을 넘어 하나의 거대한 브랜드로 자리 잡는다고 믿는다. 이 목표를 이루면 나뿐만 아니라 함께하는 사람들도 더 큰 성공을 경험하게 될 것이다.

2. 가족과 세계여행 1년에 1번씩 다니기

가족은 내 삶에서 가장 소중한 존재다. 하지만 일상에 치여 함께하는 시간이 부족할 때가 많다. 1년에 한 번씩 세계여행을 하면서 새로운 경험을 나누고, 잊지 못할 추억을 만들고 싶다. 경제적 여유와 시간의 자유를 모두 갖춘 삶을 목표로 하며, 이를 통해 가족과의 유대감을 더욱 깊이 하고 싶다.

3. 스카이다이빙 해 보기

　가끔은 내 한계를 시험하고, 새로운 도전을 해야 한다. 하늘에서 자유롭게 몸을 던지는 경험을 통해 두려움을 극복하고, 더 큰 도전을 향해 나아가는 용기를 얻고 싶다. 인생에서 한 번쯤은 해봐야 할 경험이라고 생각한다.

4. 통장에 현금 10억 만들기

　경제적 자유는 내가 원하는 삶을 사는 데 필수적이다. 단순히 돈을 많이 버는 것이 목표가 아니라, 진정한 자산을 구축하고 안정적인 기반을 마련하는 것이 중요하다. 10억이라는 금액은 단순한 숫자가 아니라, 내가 목표하는 수준의 자유로운 삶을 위한 기반이 될 것이다.

5. 바디 프로필 찍기

　건강한 몸은 건강한 정신을 만든다. 바디 프로필을 찍는 과정에서 몸을 만들고, 스스로에 대한 자신감을 높이고 싶다. 나 자신과의 싸움에서 승리하는 경험을 통해 인생의 다른 도전에서도 더 강한 의지를 갖게 될 것이다.

6. 나만의 책 출판하기

　내 경험과 노하우를 정리하여 많은 사람들에게 도움이 되는 책을 출판하고 싶다. 보험 영업뿐만 아니라, 인생을 살아가는 데 필요한 다양한 지혜를 담아 많은 사람들에게 영감을 주고 싶다. 글을 쓰는 과정에서 나 자신도 성장할 것이고, 내가 쓴 책이 사람들에게 긍정적인 영향을 미친다면 더할 나위 없이 보람될 것이다.

7. 대학교 가기

학업을 통해 새로운 지식을 얻고, 보다 넓은 시야를 가지는 것은 내 인생에 큰 도움이 될 것이다. 학문의 깊이를 더하고, 인맥을 넓히면서 새로운 기회를 발견하고 싶다. 단순한 학위 취득이 아니라, 배움을 통해 더 나은 사람 되기가 목표다.

8. 부모님 집 사드리기

부모님은 나를 위해 평생을 헌신하셨다. 이제는 내가 보답해야 할 차례다. 부모님께 편안한 집을 마련해 드리고, 그동안 고생 많았던 삶에서 벗어나 여유로운 시간을 보내실 수 있도록 해드리고 싶다. 부모님의 행복이 곧 나의 행복이다.

9. 포르쉐 차 사기

어릴 때부터 포르쉐는 나의 드림카였다. 단순히 비싼 차를 사는 것이 목표가 아니라, 내가 원하는 것을 이룰 수 있는 경제적 능력을 갖추었다는 증거로서 포르쉐를 손에 넣고 싶다. 내 노력의 결실로 직접 구매하는 그 순간의 성취감을 느끼고 싶다.

10. 보험 전문가로 TV 출연하기

보험 업계에서 확실한 영향력을 갖춘 전문가가 되는 것이 목표다. 단순히 많은 계약을 성사하는 것이 아니라, 내 이름이 브랜드가 되어 사람들이 신뢰하는 전문가로 자리 잡고 싶다. TV 출연을 통해 내 노하우와 철학을 더 많은 사람에게 알리고, 보험을 보다 가치 있는 방향으로 알리는 데 기여하고 싶다.

이 버킷리스트는 단순한 꿈이 아니라, 앞으로 반드시 이룰 목표들이다. 하나씩 달성해 나가면서 더 나은 삶을 만들고, 나뿐만 아니라 주변 사람들에게도 긍정적인 영향을 미치는 사람이 되고 싶다.

NO.10

김미옥

❑ 소개

1. 사회복지법인 제주공생 희망나눔종합지원센터 센터장
2. 한국사회복공제회 대의원
3. 2022년 5월 31일 전안나작가와의 만남과 하루 한 권 책 읽기 결단
4. 2022년 8월 10일 네이버 블로그 개설(예비작가 Kim)
5. 2024년 11월 ~2025년 5월 옴니버스 인생 책 쓰기
   내 삶을 바꾼 책, 내 인생의 산전수전, 내 삶의 귀인
   내 삶의 감사일기, 내 삶을 바꾼 질문, 내 삶을 바꾼 습관
   내 삶의 터닝포인트, 내 삶의 버킷리스트 참여
6. 사회복지사 1급, 약물중독전문가 2급

❑ 연락처

블로그: https://blog.naver.com/k960722-

매년 쓰는 버킷리스트

　버킷리스트(buck list)의 사전적 어원은 죽기 전에 꼭 해야 할 일, 달성하고 싶은 목표다. 즉, 죽음을 앞둔 사람이 죽기 전에 하고 싶은 일을 적은 목록이라고 하는 것이 맞는 말일 것이다. 지금으로부터 10여 년 전부터 새해를 맞이하면 의식처럼 나만의 버킷리스트를 다이어리 첫 장에 붙여 놓고 주문을 외우듯 매일 읽곤 했다. 그래서인지 12월 한해를 결산할 때면 나의 일 년짜리 버킷리스트는 기적처럼 달성 확률이 90% 이상이 되었다.

　신통방통한 일이 매년 나에게 일어나고 있다. 이 기적을 체험하고서 해마다 버킷리스트를 작성하지 않을 이유가 없어졌다. 2018년 나의 버킷리스트 중 한 가지는 '*조그마한 텃밭과 정원이 있는 곳으로 거주지를 옮기기*' 라고 또렷하게 적혀 있었다. 그런데 그해 2월 일사천리로 집을 찾아보았다. 발품을 팔고 인터넷 사이트를 찾아다니며 공인중개소 수수료 없이 몇 곳을 정 하고 최종 선택한 곳이 지금 거주하고 있는 도시 속 빌라인데 꿈꾼 대로 텃밭과 정원이 함께 공존한다.

　거실 앞 텃밭 정원과 경계석으로 토종 동백 울타리와 대나무가 살랑거리는 전원주택처럼 아침이면 새들이 떼창하고 노루가 몰래 다녀가는 여유로운 집이다.

　도저히 상상할 수 없는 보금자리로 이주 성공담도 나의 버킷리스트가 만들어 준 작품이다. 물론 올해까지 주택 매입 자금 잔금을 갚아야 하지만 감사한 일이다.

행복한 텃밭 정원 나의 놀이터 '대나무 바람길' 덕분에 내 제2의 사춘기 갱년기는 슬그머니 왔다가 얼씬도 못 하고 가 버렸다. 대나무 뿌리가 뻗고 가시덤불로 둘러싸인 앞뜰을 호미와 톱사루 하나로 풀을 뽑고 대나무 뿌리를 캐내며 가시덤불을 걷어 내니 마치 새 옷을 입혀 놓은 듯이 돌담이 얼굴을 내밀고 하나, 둘 심어놓은 유실수와 꽃들이 잎을 내고 꽃망울을 터뜨리니 초보 농군은 어깨춤이 절로 난다. 훈장처럼 손가락 관절이 붓고 무릎과 어깨 통증으로 병원 신세를 지면서도 이 즐거움을 놓치고 싶지 않은 것은 생명이 주는 신비감일 것이다. 아이를 키우듯이 나의 행복한 텃밭 정원에는 사계절 바톤을 이어받은 계주 선수처럼 꽃이 피고, 지고 식탁에 오를 청정한 푸성귀들이 가득하다.

인생 3막을 준비하는 50대 후반을 살아가는 나는 대략 2가지의 꿈을 그려본다. 첫 번째 버킷리스트는 퇴직 후 인생 3막에서 지금처럼 꾸준하게 책 밥을 챙겨 먹고 책 모임을 하며 마음 통하는 이들과 소통하며 분주한 삶으로 품격 있는 노년의 삶이다. 무엇보다 두 자녀가 결혼하여 가정을 꾸릴 것이고 손자 손녀들이 선물처럼 찾아오면 3대가 함께 책을 읽고 독서 포럼 하는 독서 가정의 롤모델을 소망한다.

내가 지금 공부하여 취득한 독서지도사 자격을 100배 활용하여 손자 손녀들의 수준에 맞춘 독서지도와 돋보기안경 너머 아이들과 그림책을 읽고 하하 호호 이야기꽃이 피었으니 이 얼마나 감사한 일인가? 두 번째는 개인 단독 저서 출판이다. 환갑을 기념하며 지금까지 꾸준하게 쓰고 있는 블로그 글을 모아 책을 내고 온 가족과 지인들의 축하를 받으며 출판기념회에서 소감을 나누는 나를 상상하니 나 자신이 대견하다.

이날만큼은 셀프 칭찬을 마구마구 쏟아부어도 부끄럽지 않다. '그동안 수고 했어. 애썼다. 지금까지 최선을 다하였으니 고맙다. 광야 같은 시간도 잘 견디어 내었으니 잘했다.'

내가 나에게 줄 수 있는 최고의 찬사를 다 모아 칭찬한다. 누군가는 이런 말을 했다. 표현하지 않은 사랑은 사랑이 아니라고 말이다. 순금 반지는 굳이 금박을 입힐 필요가 없다. 왜냐하면 그 자체가 순도 99.9%이기 때문이다.

오늘도 습관처럼 2025년 나의 버킷리스트가 적혀 있는 다이어리 첫 장을 열어본다.
1. 신앙 성장을 위한 영적 루틴 길들이기
2. 꾸준한 자기 계발
3. 건강관리
4. 예·적금 대출 상환 관련
5. 가족 관련 기타 항목 등

대략 22가지 리스트가 있다. 이제 1분기가 저물어 가는데 이미 성취한 것도 있고 의식처럼 매일 꾸준하게 실천하고 있다. 나의 버킷리스트는 계속 ing다.

후회 없는 삶을 위한 버킷리스트

II.

11. 김지현
후회 없는 삶을 위한 버킷리스트

12. 강화자
담대함을 향한 작은 걸음!

13. 김현숙
내 인생의 지표

14. 조대수
대수샘의 따뜻한 버킷리스트 3가지

15. 양 선
나를 위한 3가지 선물

16. 최순덕
꿈을 기록하고, 삶을 완성해 가는 이야기

17. 박해리
다시 쓴 버킷리스트

18. 한기수
나의 작지만 거대한 꿈

19. 유병권
그냥 떠도는 바람이 되고 싶다

20. 서덕만
내가 더 살아야 할 이유

NO.11

김지현

❏ 소개

1. 마음나라연구소 대표
2. 사회복지학 박사
3. 한국그림책문화예술협회 인천지회장
4. SP교육연구소 수석연구원
5. 그림책감정코칭지도사
6. 노인그림책긍정심리지도사
7. 긍정심리인성지도사

❏ 연락처

네이버 검색: 마음나라연구소

후회 없는
삶을 위한 버킷리스트

'죽음의 순간에는 좋았던 일보다 후회되는 일들이 스쳐 지나간다.'라는 말이 있다. '죽음'에 대한 생각이 문득 떠오르면 두려움부터 앞선다. 영원히 살 것처럼 정신없이 보낸 이 삶이 너무 후회스러울 것 같기 때문이다. 후회 없는 삶을 산다는 것은 쉽지 않다. 하지만 살면서 할 수 있는 일이자 죽음을 앞두고 삶에 대한 미련과 후회를 조금이라도 덜 할 수 있는 방법, 그것이 바로 버킷리스트이다. 버킷리스트를 행하는 순간순간은 정말 소중한 시간이 될 수 있다.

내게 주어진 삶이 행복할 수 있도록 희망과 꿈을 선사하는 나의 버킷리스트는 다음과 같다.

1. 매일매일 사랑을 표현하기

사랑은 표현해야 안다. 나의 감정을 상대에게 고스란히 전해주는 말인데 무엇이 어렵겠는가. "사랑합니다" 매일매일 잊지 말고, 소중한 사람들에게 꼭 말하고 싶다.

2. 결혼 40주년 리마인드 웨딩 촬영하기

결혼 20주년 기념으로 시어머니께 웨딩드레스도 입혀드리고 함께 사진 촬영하며 너무 행복했다. 40주년이 되는 해에도 가족이 함께 웨딩 촬영을 하며 소중한 추억을 만들고 싶다.

3. 남편을 위한 사랑의 노래 선물하기

만난 지 1년이 되던 날 내가 직접 녹음한 피아노 연주와 내 마음을 적은 악보를 남편에게 선물했었다. 감동받은 남편의 눈빛이 아직도 생생하다. 남편을 위한 사랑의 노래를 다시 한번 작사 작곡하여 내 마음을 표현하고 감동을 선사하고 싶다.

4. 남편과 함께 사찰 투어하기

남편과 함께 산속의 고요함과 자연의 아름다움을 감상하며 몸과 마음의 건강을 위한 사찰 투어를 하고 싶다. 두 손 꼭 잡고 지나온 삶에 관해 이야기 나누고 앞으로 삶에 대해 희망을 이야기하며 소중한 시간을 함께하고 싶다.

5. 주 2회 이상 꾸준히 운동하기

건강한 삶을 위한 실천은 생각보다 어렵다. 건강검진에서 건강에 대한 적신호를 수치로 알려도 참으로 쉽지 않다. 하지만 작심삼일(作心三日)이 되더라도 이제는 주 2회 이상 운동이라는 건강 프로젝트를 시작해야겠다.

6. 나만의 연구소 공간 마련하기

행복해지고 싶은 사람들이 방문할 수 있고, 행복을 전할 수 있는 그런 공간!! 그 누구의 방해도 받지 않고 오로지 행복을 연구하고 전파할 수 있는 나만의 공간을 갖고 싶다.

7. 감정 표현 관련 그림책 10권 출간하기

그림책을 활용한 감정 표현을 배우고 나서 나의 행복감은 두 배가 되었다. 이 기쁨과 행복을 전하고픈 강사로서 내가 좀 더 잘 이해하고 전달할 수 있는 나만의 감정 표현 그림책을 출간하고 싶다.

8. 행복에 관한 이론서 출간하기

'행복은 실천이다!' 행복하기 위해서는 방법을 배우고 배운 것을 실천해야 한다고 생각한다. 행복에 대한 이론 정리와 실천 방법을 연구하여 행복 이론서를 출간하고 싶다. 그리고 많은 사람들에게 행복한 삶을 선물해 주고 싶다.

9. 행복을 전하는 교수 되기

행복을 전하는 교수의 꿈!! 다양한 사회복지 분야의 학문은 나에게는 아직도 어렵다. 하지만 모든 분야에 '행복감'을 함께 불어넣고 싶다. 나를 만난 그 순간 함께 웃고 함께 울며 행복으로 가득 차고 삶의 위로를 받을 수 있도록 0세부터 100세까지 마음에 빛을 채워주고 싶다.

10. 나의 장례식 준비하기

나의 장례식을 미리 준비하고 싶다. 내 삶의 마지막 자리는 미리 준비해 두고 내가 생각나는 사람은 언제나 찾아올 수 있게 하고 싶다. 그리고 나의 장례식에는 '나는 행복합니다' 노래를 틀어주고 오신 분들께는 내가 좋아하는 치킨과 사과를 대접하며, 각자 마음에 드는 그림책 한 권씩 가져갈 수 있도록 하고 싶다. 죽음에 대한 상실감이 아니라 따뜻함과 위로를 받아 가는 나의 장례식을 만들고 싶다.

버킷리스트를 작성하는 이 순간도 나는 설렘과 희망으로 행복하다. 그리고 이것은 후회 없는 삶을 위한 행복한 시간을 선물해 줄 것이다.

NO.12

강화자

□ 소개

1. 1인 기업가 공감 톡 브랜딩 대표
2. 최고의 강사
3. 꿈짱 코치 4050 직장인
4. 책을 만나서 꽃 핀 내 인생 (전자책)
5. 공저 "내 삶을 바꾼 책" "내 삶의 감사일기"
   "내 삶을 바꾼 질문" "내 삶을 바꾼 습관"
   "내 삶의 터인포인트" 베스트셀러 작가
6. 유튜브 채널 운영 : 북소리꿈쌤

□ 연락처

1. 네이버 검색: 강화자 저자
2. 블로그 검색: https://blog.naver.com/kffh336

담대함을 향한 작은 걸음!

학창 시절, 작은 수첩에 나의 소소한 취미들을 하나씩 적어놓곤 했다. 운동, 독서, 여행, 그리고 등산. 그중에서도 마음 한구석에 늘 자리 잡고 있던 건 등산과 여행이었다. 20대가 되자, 그 바람을 따라 자주 산을 찾고 여행길에 올랐다. 쉬는 날이면 직장 동료나 친구들과 등산 계획을 세우고 마치 소풍 가는 아이처럼 설레는 마음으로 준비했다.

나는 특히 등산을 좋아했다. 산을 오른다는 건 단순한 운동이 아니라, 나 자신과 마주하는 시간이었기 때문이다. 등산 가방에는 늘 이것저것 챙길 것이 많았다. 물, 김밥, 오이, 사탕이나 초콜릿 같은 작은 간식들까지 가방은 무겁고, 발걸음은 느려졌지만 땀을 흘리며 한 걸음 한 걸음 오를 때마다 내 마음은 오히려 가벼워졌다. 가장 행복한 순간은 언제나 정상에 도착했을 때였다. 사방이 탁 트인 자연 속 풍경을 바라보면 마치 세상이 내게 속삭이는 듯했다. *"수고했어, 잘 해냈어"*. 그렇게 쌓였던 스트레스는 산바람에 실려 사라졌고 마음은 고요해졌다. 정상에서의 그 짧은 순간은 내게 가장 깊은 위로가 되었다. 결코 쉽지 않은 여정이었지만 정상에 서서 스스로에게 *"오늘도 잘했어"*라고 말할 수 있었기에 그 여정은 언제나 가치 있었다. 등산은 내게 단순한 취미가 아닌, 삶의 쉼표 같은 존재였다. 그리고 그것은 자연스럽게 내 삶의 버킷리스트로 이어졌다.

세상의 아름다운 산들을 하나씩 오르며 풍경을 눈과 마음에 담아 보는 것. 이 모든 것은 언젠가 꼭 이루고 싶은 나만의 꿈이자, 나를 앞으로 나아가게 하는 힘이기도 하다. 앞으로도 삶이 지치고 마음이 무거울 때면, 나는 다시 산을 찾을 것이다. 그리고 그곳에서 또 한 번 나를 다독이며 나의 버킷리스트를 이루어 간다.

첫 번째, 두 번째 버킷리스트 : 한라산과 백두산을 오르다.
내 인생의 첫 번째 버킷리스트는 바로 제주도에 있는 한라산 등반이었다. 중학교 친구들과 함께 2박 3일 일정으로 제주도 여행을 떠났고, 그 여행의 하이라이트는 바로 한라산이었다. 길을 오르다 보니 어느새 우리는 정상에 도착했고 그곳에서 본 경치는 말로 다 표현할 수 없을 정도로 아름다웠다. 하늘은 수놓은 듯 뭉게뭉게 피어오른 하얀 구름들, 그리고 그 속에 선 나 자신이 너무도 벅차게 느껴졌다.

그 순간 나는 두 번째 버킷리스트를 마음속에 새겼다. 바로 백두산 천지를 꼭 보고 싶다는 소망이었다. 그 바람에 현실이 된 건 정말 우연한 기회 덕분이었다. 어느 날 친구가 대학원 동문들과 함께 백두산을 간다는 이야기를 들었다. 나는 망설임 없이 같이 가고 싶다고 말했고 다행히 여행을 주관하시는 분께서 인원이 많지 않다며 나도 함께할 수 있게 해 주셨다. 그렇게 2023년 12월 28일부터 31일까지 나는 백두산으로 향하는 3박 4일의 중국 여행을 떠났다. 백두산에 도착한 날 설경으로 뒤덮인 천지를 마주했을 때 나는 숨을 멈출 수밖에 없었다. 마치 하늘과 땅이 만나는 그곳에 내가 있다는 사실이 믿기지 않았다. '3대가 덕을 쌓아야 볼 수 있다'는 백두산 천지를 나는 이렇게 한 번에 그것도 친구 덕분에 볼 수 있었다는 사실이 너무도 감사했다. 나의 두 번째 버킷리스트가 이루어진 그 순간은 세상이 내게 준 가장 큰 선물 같았다.

세 번째 버킷리스트 : 사람들 앞에서 강연하기

나는 사람들 앞에 서는 일이 두려웠다. 마음속에는 전하고 싶은 이야기가 가득했지만, 막상 입을 열면 생각이 흐트러지고 전하고자 했던 메시지는 엉켜버리곤 했다. 그러다 책을 읽으며 나는 생각이 달라지기 시작했다. 세상을 바라보는 눈이 넓어지고 내 안에도 충분히 소중한 이야기가 있다는 것을 알게 되었다. 특히 책 속에서 만난 한 문장은 내 마음에 깊이 새겨졌다. 그 문장을 사람들에게도 전하고 싶었다. 단어 하나하나를 정확한 발음으로 읽어내기 위해 연습하고 마음을 담아 전달하는 법을 배워나갔다.

나는 언젠가 100명 아니, 그보다 더 많은 사람 앞에서 담대하게 강연하는 내 모습을 그려본다. 사람들의 눈을 바라보며 부드럽고 따뜻한 목소리로 나의 이야기를 풀어낼 수 있기를 꿈꾼다. 그 꿈을 위해 지금 교회 찬양대에서 봉사하고 있다. 찬양대의 따뜻한 화음 속에서 나는 담대함을 연습하고 있다. 내가 바라는 것은 거창한 성공이 아니다. 내가 받은 작은 깨달음들을 부드럽게, 힘 있게 전하는 사람이 되고 싶다. 오늘도 나는 책을 펼치고 마음속 그림을 그린다. 언젠가 찬양하듯 부드럽고 담담하게 사람들의 마음에 닿는 강의를 할 그날을 기대하며.

NO.13

김현숙

❏ 소개

1. 그림책 프리랜서강사
2. 의정부 교육지원청 소속 "책보"대표역임
3. "미리네야" 미디어강사
4. 늘봄 '창의독서' 강사
5. 세종 사이버대 재학중
6. 닉네임: 딸기잼

❏ 연락처

1. 이메일: khs6901@naver.com
2. 인스타 : berry_jjam3

내 인생의 지표

인생을 살아가면서 꼭 해보고 싶은 것은 누구에게나 있을 것이다. 어떠한 대가를 치르더라도 포기할 수 없는 것들 말이다. 반면 꼭 해야만 하는 것들도 있고, 꼭 할 수밖에 없는 일들도 있다

진정으로 내가 원해서 하는 일은 나에게 행복을 주지만, 내 의지가 없이 꼭 할 수밖에 없는 일들은 내 삶에 짐이며 괴로움이 아닐까 싶다. 한 번 사는 인생을 내가 하고 싶은 것만 하고 살 수 있다면 그건 성공한 인생 또는 행복한 인생이라 말할 수 있지 않을까 싶다. 내 버킷리스트를 적어본다.

1. 성지순례

나는 20살부터 이스라엘 성지순례를 가고 싶었다. 나의 주님이 걸으셨던 그곳들을 나도 따라서 한 번쯤은 걸어 보고 싶었다. 7살부터 13년을 교회에 다녔으나, 크리스마스나 부활절에 주는 선물, 내지는 친구들과의 행복한 시간이 나를 교회로 이끌었다.

어느 순간 나는 왜 교회에 가는지 생각하게 되고 이제는 교회를 그만 다닐까? 하는 생각이 들 때, 예수가 다메섹 도상에서 사울을 만나 바울로 변화시켰던 그 순간이 나에게도 찾아왔고, 나는 예수 앞에 무릎 꿇게 되었다. 그리고 생각했다 그분의 희생과 사랑을 나도 따라갈 수 있을까?

2. 나만의 책 만들기

가정 형편상 고등학교를 졸업 후 사회생활을 시작했다. 그러나 배움에 대한 열망이 있던 나는 그 시절 우후죽순 생겨나던 신학에 진학했고 주간엔 일 야간엔 학업을 병행하며 열심히 나의 삶을 이끌어 나갔다. 신학 3년 과정 졸업 후 그동안 모아 두었던 돈을 가지고 유학을 준비하던 중 여건이 되지 않아, 결혼하고, 아이를 낳았다. 그렇게 살다 보니 내 인생은 사라지고 엄마와 아내만이 남아 있게 되었다. 아이의 학교에서 책 읽어주는 '책 엄마' 봉사를 하다 '레오 리오니' 작가를 알게 되면서 나도 늦지 않았음을 알게 되었다.

나의 삶 속에서의 또 다른 목표가 생겼고 나는 그것을 위해 과감히 움직이기 시작했다. 이제 나는 예비 작가로서 글을 쓰기 시작하였고, 그림을 그리기 시작하였다. 나의 꿈을 향해 나는 날마다 살아가고 있다.

3. 공익 활동가로 성공하기

24년 [공익활동가학교 새싹과정]을 지인을 통해 신청하고, 예비 활동가로서 '우리는 왜 공익 활동을 시작하였는가?'라는 질문으로 시작하는 교육 과정을 마무리하며 나의 미래를 상상해 보았다.

많은 공익 활동가가 활동하고 있으나 열악한 상황으로 좌절하고 힘들어하며, 중간에 포기하는 활동가들을 보면서 '나는 얼마나 활동할 수 있을까?'라는 나에 대한 의문을 품고, 포기하지 않기를 나 스스로에게 다짐해 본다.

4. 가고 싶은 여행지 모두 여행하기

언제부터인가 책 『80일간의 세계 일주』을 읽고 '나도 가고 싶다'

라는 꿈을 꾸게 되었다.

　우선 나는 위에서도 언급했듯 이스라엘의 성지순례를 가고 싶다. 아주 격렬하게. 어느 날인가 TV를 보다가 스페인 산티아고 성지 순례 길에서 숙박업을 하는 예능 프로그램을 보면서 '아! 나도'하는 감탄사가 나왔다. 나의 또 하나의 버킷 리스트가 생긴 것이다.

　20대 초반 뱀이 없다는 뉴질랜드에서 살고 싶다고 생각했고 언젠가는 꼭 가보고 싶은 나의 여행지로 등록했다. 그다음은 웅장하고 광활한 그랜드 캐니언 협곡에 가보는 것이다.

　음식 만들고 먹는 것을 좋아하는 둘째 딸과 식도락 여행을 해보고도 싶다. 중국의 청도에서 시작해 싱가포르, 베트남을 따라 대만, 태국, 필리핀, 말레이시아, 라오스, 인도네시아까지 음식을 따라 여행하는 것도 즐거운 삶일 것이다. 1995년도에 일주일이라는 짧은 기간 동안 보았던 유럽 여행은 30년이 지난 지금 추억을 회상하며 다시 한번 가보고 싶은 여행지이다.

　지금 나의 삶을 즐기고 있으며, 앞으로 내가 살아갈 삶을 기대하면서, 나의 버킷 리스트를 작성해 가는 것이 삶을 풍요롭게 하는 것이 아닐까?

NO.14

조대수

❏ 소개

1. 화법연구소 대표 / 백년멘토 대표
2. "대수굿TV" 제일 쉬운 법인영업, 세일즈 심리학 유튜버
3. 화신사이버대학 특임교수(상담심리)
4. 금융사, 관공서, 기업, 대학교 등 3,000회 이상 소통, 유머 강의
5. 전자책, 종이책 포함 10권 이상 출판
6. 밴드 "조대수의 공감, 소통 멘탈케어" 5천 명 이상
7. 닉네임: 대수굿! / 대수언니

❏ 연락처

1. 네이버 검색: 조대수(010-5232-7849)
2. 유튜브 검색: "대수굿TV" 금융, 세일즈 심리학 유튜버

대수샘의
따뜻한 버킷리스트 3가지

"나는 말로, 글로, 마음으로
아픈 사람들의 마음을 치유하는 사람입니다."
-조대수 작가-

1. 등대가 된 책 쓰기

그냥 한 권의 책이 아닙니다. 폭풍 속에서도 묵묵히 서 있는, 잊히지 않는 등대 같은 책을 쓰고 싶습니다. 조용히 길을 잃은 이들을 향해 작은 희망의 빛을 건네는 책. 말이 많지 않지만, 깊은 마음으로 위로가 되는 책을 만들고 싶어요.

누군가의 침대 머리맡, 눈물 젖은 베개 옆에 놓여 슬픔에 잠긴 한 사람에게 살며시 말을 거는 그런 책. "당신, 지금 이대로도 괜찮아요." "너무 늦지 않았어요." "당신은 여전히 살아 있어요."

이런 말들이 문장 하나하나에 담겨 조용히 마음에 스며드는 책. 지식보다 온기, 정보보다 감동, 무게보다 '웃음'을 주는 책이 내가 남기고 싶은 앞으로의 작품입니다.

2. 꿈이 피어나는 힐링 아카데미

요즘 세상은 너무 빠르고, 마음은 점점 숨 쉴 공간을 잃어갑니다. 그래서 저는 '마음이 숨을 쉬는 공간'을 만들고 싶어요.

첫 시작은 내 집 근처의 조용한 공간. 몇 개의 의자, 따뜻한 조명, 손 글씨로 써진 시 구절이 벽에 걸려 있고, 따뜻한 차와 음악이 흐르는 테이블. **이곳에서는 꿈을 말해도, 놀아도, 잠시 쉬어가도 괜찮습니다.**

그리고, 3년 뒤 강릉의 바다와 하늘이 맞닿는 곳. 그곳엔 무료 상담 힐링 카페 아카데미가 문을 엽니다. 바닷바람과 커피 향이 뒤섞인 정감 넘치는 따뜻한 공간. 지친 사람들이 문을 열고 들어오면 *"괜찮아요, 여기선 아무것도 하지 않아도 돼요."* 그런 눈빛과 말들이 반겨주는 곳.

커피 한 잔, 따뜻한 담요, 그리고 조용한 경청. 깜찍한 창의력, *"그랬구나!"* 한 마디 그것만으로도 사람은 다시 살아갈 힘을 얻는다는 걸 이 공간에서 보여주고 싶어요.

글쓰기 강의도 하고, 마음을 다독이는 시 낭독회도 열고, 소박하지만, 진심이 담긴 프로그램으로 사람들의 마음에 불씨를 다시 지피는 곳. 그 카페의 가장 깊은 구석, 한 편엔 조용히 글을 쓰는 사람이 앉아 있고, 누군가는 조용히 말하겠지요.

"나, 다시 꿈꿔보고 싶어졌어요."

3. 만 개의 씨앗이 숲을 이룬 이야기

저는 거대한 성공이나 유명세가 아니라 '일상의 씨앗'을 뿌리는 사람이 되고 싶습니다. 강의 중 스쳐 간 한 마디, 블로그에 남긴 짧은 글귀, 수년간 쓴 소통의 글, 누군가의 마음에 오래 머무는 따뜻한 인사. 그 모든 것이 씨앗입니다. 그 씨앗들이 자라 어느 날, 하나의 커다란 숲이 되기를 바랍니다.

　이름도, 크기마저 작았던 말과 행동이 시간이 지나 누군가에게 그늘이 되어주고 또 다른 꿈의 싹을 틔우는 '연결의 숲'이 되기를. 그 숲엔 팻말도 없고 내 이름도 없겠지만, 지나간 사람들이 마음속으로 서로를 기억할 겁니다.
　'그때 누군가, 나를 믿어줬어.' '나는 시를 쓰는 사람이고, 재미난 글로 마음을 치유하는 사람이며, 매일매일 씨앗을 심는 사람!' 이것은 단순한 버킷리스트가 아닙니다. 내가 살아가는 방식의 선언문입니다.

　나는 등대를 세우고, 커피 향 가득한 공간을 만들며, 말 없는 숲을 일구는 삶을 살고 싶습니다. 누군가 오늘도 길을 잃고 있다면 그 사람의 작은 쉼터가 되기를 바랍니다. 그래서 오늘도 나는 강의를 하고, 미소 짓는 시를 씁니다. 잘 들어줍니다.

　그리고 믿습니다. *"당신은 다시 피어날 수 있습니다."* 그 말을 전하기 위해 나는 지금, 열심히 준비하는 삶을 살고 있습니다.

NO.15

양 선

❏ 소개
1. 여여나무연구소 대표
2. 여여나무연구소 출판사 대표
3. 체질 직업전문가, 기획 프로그램전문가
   당신 인생 운전대는 안녕하신가요? [心記心出]
4. 한국작가협회 이사겸 김해지부장
   한국자서전협회 김해 지부장
5. 전자책, 공동저서, 장애인전자출판, 재활전문서적,
   자서전 출판 전문,
6. 전자책, 종이책 기획포함 21권이상 출판 현재 계속 진행
   옴니버스 시리즈 1편부터 7편 주간 베스트셀러 왕관등극
   4월 8편 출간준비
7. 부산진구봉사센터 캠프장 가야2동 6년 차

❏ 연락처
1. 네이버 검색: 양선
2. 블로그 검색: https://bing.naverc.om/

나를 위한 3가지 선물

열심히 살아가는 나를 위한 선물을 하고 싶다는 생각이 들었다. 그 시작은 내가 제일 먼저 하고픈 것을 몇 가지를 적어보고 희망과 설렘을 주는 일이다.

1. 딸과 여행하기

여행은 누구랑 하느냐에 따라 움직임 다르다. 쉽게 떠날 수 있고, 또 다르게 시간과 장소를 정해서 움직일 수 있다. 예전의 나는 여행을 쉽게 할 수 없었다. 딸과 함께는 움직이는 것은 많은 준비 시간과 여행 연습도 필요했다. 천천히 연습하면서 성인이 된 딸과 함께 여행은 희망이다. 이 희망을 올해는 꼭 이루고자 지금 여행 연습 중이다.

2. 작은 사무실과 나만의 미니 서점 소유

책 쓰기 전에 나는 책과는 거리가 멀었다. 책을 읽는 사람, 쓰는 사람들을 매우 신기하게 생각했었다. 그리고 신체적으로 환자였다. 집에서도, 직장을 다니면서도 아픈 몸을 움직이면서 스스로 스트레스를 풀고 해결할 방법을 찾지 못했다. 고통을 받으면서도 세월을 보내다 책을 쓰고 조금씩 배워 가면서 스트레스 푸는 방법을 찾았다.

아직은 아주 미비하다. 하지만 나만의 작은 사무실이나 미니 서점을 목표로 조금씩 작은 기록을 남기고 있다. 프로 작가까지는 생각하지는 않는다.

살짝 욕심을 가지고 '어, 내가 출판 한 책이 있네' 이런 생각만으로도 흐뭇할 것 같다. 내 책은 전문가적인 책은 아니다. 하지만 나를 찾아가고 나를 바꾸어가는 흔적이다. 또 내가 아플 때는 글을 쓴다. 그러면 신기하게도 통증이 사라진다. 이 부분은 스스로 느끼지 않으면 모르는 부분이다. 명상으로 나를 차분하게 하고 글을 쓸 때마다 나는 행복한 감정을 느낀다. 나의 책과 세상의 좋은 책들을 담은 나만의 서점을 만들고 싶다.

3. 내 두 발로 걷고 음식 배우며 여행하기

결혼 전에 음식 하는 것을 좋아했다. 손맛은 없다. 유일하게 난 엄마의 손맛 유전을 받지 못했다. 그래서 내가 하는 음식은 그냥 뱃속을 채우는 음식이다. 이런 말 하는 나도 웃음이 나온다. 난 혼자 여행해 본 적이 없다. 여행을 할 수 있는 환경이 아니었다. 어릴 때는 여자라서 부모님이 엄격한 이유로 여행이란 것을 하기 힘들었다.

성장하면서 회사 모임도 하기 쉽지 않았다. 여자는 혼자 여행을 하면 안 된다는 아버지 말씀 때문이다. 아버지 말이 곧 법이었다. 하지 결혼 후에는 남편과 시부모님의 허락을 받아야 했고 항상 아이들과 함께해야 했다. 여행을 혼자서 제대로 한 기억 없었다.

주로 일 때문에 한 단체 여행이 많았다. 이것도 감사하게 생각한다. 하지만 때론 혼자서 편안하고 자유롭게 시간 제약 없이 여행하고 싶다. 요리도 제대로 배워서 내가 한 요리를 직접 먹어 보고 내가 알고 있는 건강한 음식을 글로 기록해 보고 싶다.

순수 나에게 선물하는 음식! 요리를 만들어서 나에게 하루 종일 칭찬과 감사와 고마움 그리고 사랑의 메시지를 선물하고 싶다.

버킷리스트는 생각만으로도 즐겁다.

NO.16

최순덕

❏ 소개

1. 직무지도위원 ,근로지원인 활동 중
2. 코리안투데이 시민기자
3. 사회복지사, 재난관리사
4. 데이터라벨러, 사전연명의료의향서 상담사
5. 전자책 작가 23권 등록 (100권 도전 작가)
6. 종이책 공동저서 4권 출판
7. 닉네임: 블레싱 메신저, 평생학습자

❏ 연락처

1. 네이버 블로그: 명언 길라잡이-blog.naver.com//csdkso0691
2. 유튜브 검색: 시니어 클릭세상

꿈을 기록하고,
삶을 완성해 가는 이야기

살면서 꼭 한 번은 스스로에게 물어야 할 질문이 있다. '*나는 무엇을 꿈꾸며 살아가고 있는가? 그리고 그 꿈을 이루기 위해 무엇을 하고 있는가?*'

버킷리스트는 단순한 바람이 아니다.

그것은 내가 어떤 삶을 원하는지, 무엇을 소중히 여기는지를 드러내는 삶의 지도다. 적어 내려가는 순간, 나는 나 자신에게 약속한다. 작은 결심이 모여 결국 나를 완성해 간다. 이 책은 내가 품고 있는 일곱 가지 소망에 대한 고백이며, 동시에 나다운 삶을 살아가기 위한 다짐의 기록이다.

1. 성경 말씀에 빠지기

성경을 20번 읽고, 한 번은 손으로 직접 필사하고 싶다. 반복해서 말씀을 읽고 필사하는 동안 내 안의 생각과 마음이 정돈되는 걸 느낀다. 세상의 소음과 바쁨 속에서도, 말씀을 통해 다시 중심을 잡을 수 있다. 특히 시편을 영어로 필사하는 것도 함께 하고 싶다. 익숙한 말씀을 낯선 언어로 다시 새기면서, 새롭게 다가오는 은혜를 느끼고 싶다.

2. 가족 전도, 친구 전도

가장 사랑하는 사람들에게 복음을 전하고 싶다. 억지로 설득하는 게 아니라, 내 삶을 통해 자연스럽게 예수님의 사랑이 흘러나오기를 바란다. 내가 받은 은혜를 가장 가까운 이들에게 전하는 것, 그것이 가장 깊고 따뜻한 사랑이라고 믿는다.

3. 성지순례

언젠가 꼭 이스라엘에 가보고 싶다. 예수님이 걸었던 길을 직접 걷는다면, 성경 말씀이 훨씬 생생하게 와닿을 것 같다. 머리로 아는 신앙이 아니라, 가슴으로 체험하고 싶은 간절한 마음이 있다.

4. 전자책 100권 쓰기

내가 살아온 이야기와 배운 것들을 세상과 나누고 싶다. 처음엔 한 권을 쓰는 것도 버거웠지만, 지금은 100권을 꿈꾸고 있다. 글을 쓸 때마다 내 삶이 더 선명해진다. 누군가에게 작은 위로와 도움이 된다면, 그것만으로도 충분히 가치 있는 일이다.

5. 유럽 여행

가족과 함께 유럽을 여행하며 함께 걷고, 함께 보고, 함께 느끼고 싶다. 지금이 아니면 안 되는 소중한 시간이 있다. 여행지에서 나누는 작은 대화, 함께 본 풍경 하나하나가 평생의 추억으로 남을 것이다.

6. 제주도 한 달 살기

바쁜 일상을 내려놓고, 제주도의 자연 속에서 한 달을 살아보고 싶다. 책을 읽고, 글을 쓰고, 바다를 바라보며 숨 쉬는 삶. 자연과 함께하는 그 시간 동안 내 마음도 깊게 정화될 것 같다.

7. 캘리그래퍼 되기

손 글씨로 마음을 전하는 사람이 되고 싶다. 캘리그라피를 배워서 주변 사람들에게 가훈을 써주고, 위로의 글을 담은 엽서를 선물하고 싶다. 한 글자 한 글자에 진심을 담아 따뜻한 위로를 전할 수 있다면 참 좋겠다.

살아간다는 것은 매일 조금씩 나를 완성해 가는 과정이다. 때로는 멈추고, 돌아가고, 다시 시작하는 여정 속에서 나는 나를 더 깊이 알아간다. 버킷리스트는 삶의 끝이 아니라, 삶의 현재를 더 충실히 살아가게 만드는 원동력이다. 이룬 것보다 아직 이루지 못한 것이 많지만, 그 또한 나의 일부다.

내일의 나는 오늘의 선택 위에 세워진다. 나는 오늘도 소망을 품고, 나만의 속도로, 나만의 길을 걸어간다.

NO.17

박해리

❏ 소개

1. 이음심포니커 대표
2. Italy Milano International Music Festival Orchestra 연주
3. 2024 삿포로교류오케스트라 연주
4. 2025 국제교류연주회(가와고에) 연주

❏ 연락처

1. 네이버 블로그: 이음심포니커(Ieum Symphoniker)
   https://m.blog.naver.com/ieum_symphoniker
2. 유튜브 채널: 이음심포니커(ieumsymphoniker)
   https://youtube.com/@ieumsymphoniker
3. 이메일: ieumsymphoniker@naver.com

다시 쓴 버킷리스트

내 버킷리스트를 본 누군가가 이런 이야기를 한 적이 있다. 내 버킷리스트에는 전부 무언가를 배우거나 하는 것만 있다고. 보통 버킷리스트라면 휴식이나 여행, 노는 걸 적지 않느냐고. 그 말을 듣고 보니, 정말로 그랬다. 그래서, 버킷리스트에 대해 다시 생각해 보게 되었고, 주제별로 버킷리스트를 만들어보기로 했다.

내 인생의 가장 중요한 버킷리스트 2개는 이미 이루었다. **첫 번째는 졸업가운을 입고 프로필 사진을 멋지게 찍는 것**이었다. 그 증거가 이 글의 첫 페이지에 수록되어 있다. 그 사진을 찍기 위하여, 졸업식 전날 학위복을 빌리고, 사진관을 예약하고, 메이크업 숍도 다녀왔다.

두 번째는 엘가의 위풍당당 행진곡 1번을 들으며 학위수여식에 입장해서, 단상에 올라가 학위기를 받는 것이었다. 십수 년간의 노력 끝에 이 또한 이루었다. 학위수여식 시간은 길어야 2시간 정도였고, 그 시간을 위해 오전에 더 긴 시간 리허설하고 대기를 해야 했다. 하지만, 프로필 사진을 찍던 날과 학위수여식 날에 들여야 하는 노력은 그날을 맞이하기 위하여 그동안 흘린 땀에 비하면 극히 약소한 것이었다. 그러기에, 그날을 축제로 즐겼다.

세 번째 버킷리스트는 올해 떠올랐다. 연주 활동을 한 지 수 년째 인지라 연주용 프로필은 많은데 문득, 발레 프로필도 찍어보고 싶다는 생각이 들었다. 비록 발레를 전문가처럼 할 수는 없지만 건강 관리를 위하여 꾸준히 하는 운동이니, 멋진 동작 하나쯤은 나를 위하여 사진으로 남겨도 좋겠다는 생각이 들었다.

내 인생의 궁극적 목표는 베푸는 삶이다. 이를 위하여 한국어 강사 자격증을 취득하는 것이 오랜 버킷리스트 중의 하나이다. 모국어이고 한국에서 살았으니까 한국어를 쓰긴 하지만, 가르치는 것은 전문적인 기술이 필요한 일이고, 한국어를 좀 더 잘 알고 잘 가르치고 싶어 고른 버킷리스트이다.

최근에 발굴한 또 하나의 버킷리스트는 강의 능력을 키우는 것이다. 최근 약 4년간 연 1회 강의할 기회가 있었는데, 하면 할수록 재미있었다. 내 전문 분야를 가르치는 것도 재미있었지만, 정말로 해보고 싶은 강의는 수강생과 함께 토론하고 지식과 의견을 나누는 강의이다. 이런 강의를 할 수 있는 능력을 개발하고 싶다.

이런 목표에 바탕이 되는 인문학적 사고방식을 가질 수 있다면 더욱 좋겠다는 생각이 들었다. 그래서 인문학도 공부하고 싶은데, 아직은 어느 분야를 할지 찾는 중이지만, 일하면서 배울 수 있는 방송통신대학에서 인문학 학사를 취득하는 것이 또 하나의 버킷리스트이다.

지금까지의 버킷리스트는 무언가를 성취하고 배우고 행하는 것이었다. 그 누군가의 조언에 따라, 휴식과 여유를 위한 버킷리스트도 생각해 보았다.

몇 년째 생각만 하고 아직도 실행하지 못한 것이 있는데, 국내의 맘에 드는 휴양지에 가서 1박 하며 일상에서 완전히 벗어나 휴양지에서 시간을 즐기다 오는 것이다. 휴양지 후보도 이미 정해두었고, 예약 방법, 가는 방법도 다 알아 두었다. 그런데도 이 쉬운 일을 몇 년째 실행할 결심을 하지 못하고 있다.

그리고, 죽기 전에 꼭 보고 싶은 것이 2가지 있는데, 그중 하나는 오로라이다. 오로라만큼은 사진으로 가 아니라 꼭 직접 보고 싶은데, 큰맘을 먹어야 갈 수 있어서 과연 이룰 수 있는 꿈일까 싶다.

하지만, 다른 하나는 곧 이룰 수 있을 것 같다. 하늘 가득 쏟아질 듯한 별과 은하수를 보는 것이 또 하나의 소원인데, 몽골에 가면 그런 하늘을 볼 수 있다고 한다. 몽골도 여행 가기 쉬운 곳이 아닌데, 올해 너무나 좋은 기회가 생겼다. 그래서 곧 이룰 수 있을 것 같아 설렌다.

NO.18

한기수

❏ 소개

1. 한국남성행복심리상담연구소 대표
2. 여여나무연구소 국장
3. 방과후 전래 놀이 현재 2년간 강의 진행 중 인기 강사
4. 학교 체육전문 강사
5. 개인시집 전자책 시집 2권(1집 베스트셀러 등극)
6. 옴니버스 시리즈 50인 공저 2편~7편 (주간 베스트셀러 등극)
   8편 출간 준비
7. 한국작가 협회 김해지부 준 회원

❏ 연락처

1. https://blog.naver.com/rltn1334
2. 네이버 검색: 한기수 010-9763-1334
3. 한국남성행복심리상담연구소 무료 상담 하고 있습니다.
   부부상담. 남성전문상담. 성예방상담.청소년상담.성상담

나의 작지만 거대한 꿈

펜을 들고 편하게 적어보려고 했지만, 막상 내가 뭘 좋아하고, 하고 싶은 게 뭐였는지 생각이 나지 않았다. 그냥 한가지라도 해 보고 싶은 마음에 적어본다. 많이 없을 거로 생각했는데 적다 보니 꿈이 점점 커지는 걸 느꼈다. 그래도 웃을 수 있어 좋았다. 내가 할 수 있는 게 있어서 행복하다. 도전하는 나에게 응원을 보낸다.

첫 번째: 코리아 둘레길 4,500km 도보로 여행하기

자연과 문화를 온몸으로 느낄 수 있는 둘레길을 걷고 싶다. 동해 안의 해라 파랑길, 남해안의 나말강길, 서해안의 서해랑 길에 이어 DMZ 평화의 길까지 연결된 완벽한 순환형 걷기 여행의 길이 만들어졌다. 시간이 걸리더라도 한 번에 뚜벅이로 걸어서 돌아보고 싶다. (50대 도전)

두 번째: 자전거 전국 일주

우리나라는 아름다운 자연과 도시를 자랑한다. 그래서 자전거로 전국을 일주해 보고 싶다. 전국적으로 자전거 마니아들이 많아 자전 거 도로가 잘 정비 되어있다. 몇 년 전만 해도 100k~200k 정도는 갔다 오곤 했는데 지금은 마음대로 못 하고 있어서 막연하게나마 욕심을 부려 본다.

낙동강, 한강, 금강, 영산강, 자전거 길은 최고로 소문이 나 있다.

캠핑카에 읽고 싶은 책 한 권과 낚싯대 싣고 달리고 싶다. (60대 도전)

세 번째: 발길 따라 전국 여행

아름다운 풍경들 속에 차를 밖에 세워둔다. 시원하게 부는 산바람에 기상 후 따뜻한 차 한잔을 마시며 책을 읽고 별거장 없이 전국을 여행해 보고 싶다. 정해진 목적지 없이 도착하는 곳에 따라 나를 맡겨 보고 싶다. 지금은 근교를 왔다 갔다 하지만, 이제는 전국으로 확대해 보고 싶다. (지금부터)

네 번째: 자격증 따기

늘봄 체육놀이 교사를 하면서 늘 느끼는 것이 있다. 자격증이 없으면 잘하든 못하든 인정받지 못하는 것이 현실이다. 4년을 일하면서 최선을 다했지만, 딱 한 가지 부족했다. 머지않아 관련 자격증을 딸 것이다.

다섯 번째: 철인 3종 경기에 도전하기

작은아들에게 늘 해 보라고 말한다. 아들도 겁이 나는지 생각해 보겠다고 한다. 근데 난 수영이 약하다 바닷가 근처에서 자라서 잠수와 짧은 거리 수영이 가능하다. 나 또한 겁이 나지만 도전해 보고 싶다. 나의 한계를 알아보고 이겨내고 싶다.

여섯 번째: 10년 안에 책 3,000권 읽기

늘 핑계만 댔다. 한 달에 5~6권 읽던 것도 요즘은 2권도 읽지 못하고 있다. 게으름이다. 바보처럼 후회도 하고 새로운 다짐을 해 보지만 잘 안된다. 이번 계기로 다시 시작하리라.

일곱 번째: 소소한 리스트 실천하기

거대한 리스트도 중요하지만 간단하게 실천할 수 있는 리스트를 100가지 정도 적어 하나씩 실천해 보고 싶다. 그중 9가지를 생각해 보았다. 이글 적으면서 생각이 났다. 금방 할 수 있는 게 뭘까? 예) 비 오는 날 물 고인 장소에서 물장구 차기 해 보자. 실천 우선이다.

여덟 번째: 소소한 국수 장사하기

요리를 좋아한다. 맛있게 먹어 주면 더 좋다. 지금도 계속 음식을 만들어 가족들을 먹이고 있다. 하지만 나만의 조그마한 가계에서 국수를 만들며 손님이 기다리는 동안 자리에 앉아서 잠깐이라도 읽을 수 있는 책들을 비치해 놓고 그 모습을 보면서 웃고 싶다.

아홉 번째: 짧은 애도

웃음이 넘치는 장례식장 슬픔과 적막이 흐르는 나의 장례식장은 싫다. 두 아들에게 말한다. 나는 우는 장례식은 싫다고, 내가 좋아하는 왁스나 알리 두 가수의 노래를 틀어놓고 나의 삶을 안주 삼아 이야기했으면 한다. 그리고 1박 2일 정도의 짧은 애도만 바란다....

실천이 힘든 리스트가 많다고 생각한다. 하지만 이글을 보면서 도전이라는 마음을 되새겨 본다.

NO.19

유병권

❑ 소개
1. 제25회 서울 독립영화제 우수 작품상
    제목:시나리오
    감독: 유병권
2. 전자책 출간
    제목: 살려 주세요
    작가: 유병권
❑ 연락처
1. 네이버 검색: 유병권의 꿈의 공장
2. 유튜브 검색: 유병권의 꿈의 공장
3. 이메일: mental0820@naver.com

그냥
떠도는 바람이 되고 싶다

　난 흙의 무게를 느끼며 지구를 떠돌아다니는 바람이 되고 싶다. 남쪽·북쪽·동쪽·서쪽 어느 땅을 가든 상관없다. 바람으로 산다면 뭐든지 좋다. 내가 죽으면 꼭 바람으로 태어나고 싶다. 태양의 열기를 느끼며 달구어진 공기처럼 뜨거운 바람이어도 좋다. 살을 아리는 차가운 얼음 같은 바람이어도 좋다. 지구와 온 우주를 떠돌며 바람처럼 평생을 산다면 그것 또한 좋다. 여기저기서 무언가가 만들어진다. 바람의 적인 벽이 만들어진다. 인간의 마음 안에 벽을 쌓고 서로에게 벽을 치고 자기들만 생각하는 그런 이기주의적인 벽이 계속 생기는구나. 난 그런 곳에서 불어오는 바람은 싫다. 내가 바람이 되기 전 버킷리스트를 작성해 봤다. 풀어서 얘기하면 죽기 전에 꼭 해봐야 할 몇 가지를 나열한 것이다. 숨죽여 천천히 읊어보자.

　1. 다이아몬드보다 값진 내 몸을 내 손으로 여기저기 진지하게 만져주며 쓰다듬어 주기

　'내 몸아. 넌 정말 가치 있는 사람이야. 마음이 아팠던 내 마음을 쓰다듬고 머리도 만져보고 내 몸 구석구석에다가 물어본다. 어디를 쓰다듬어줄까? 내 몸아. 여기 아니면 저기 아니면 상처받은 마음을 쓰다듬어 줄까? 아니면 울고 있는 너의 눈물을 어루만져 줄까? 눈물을 닦아 줄까? 눈물이 고여 있는 눈가를 쓰다듬어 줄까?' 난 내 몸을

강아지 쓰다듬듯 만져보고 싶다. 날 쓰다듬으면 난 참 느낌이 좋을 것 같다. 내 손으로 나의 생김새를 촉감으로 만져보고 진정한 내 형태를 알아내고 싶다.

2. 집에 있는 내 채취나 냄새들을 느끼며 진지하게 코로 맡아서 내뱉어 보자.

정말 진지하게 나의 냄새를 맡고 싶다. 난 내 집 전체 여기저기를 코로 맡아보고 싶다. 아직 진지하게 맡아보진 않았다. 안방·주방·욕실·베란다·천장 싱크대를 쳐다보면 코로 이런 유의 냄새를 복합적으로 섞어가며 맡고 싶다. 이건 모두 다 나 자신의 체취였다는 것을 느끼고 싶다. 그 느낌 또한 좋을 것 같다. 오늘 이 시간부터 집 향기를 내 후각으로 냄새 맡고 뱉어보고 싶다. 그런 날이 빨리 오길 기대한다.

3. 소독하지 않은 집의 수돗물을 그냥 마셔보고 싶다.

집에서 깨끗한 수돗물을 마시며 에어컨 바람을 쐬면 마음이 정화되겠지? 정수기 물이 아닌 천연 자연의 물을 먹는다는 것은 어떤 의미일까? 난 꼭 내 집에서 시원한 수돗물에 얼음을 넣어 먹고 싶다. 깨끗한 자연과 함께 있고 싶다. 인간은 환경과 더불어 같이 살아야 의미가 있다. 우리는 진화한 영리한 존재지만 자연계를 너무 많이 침범한 비겁한 악당에 불과하다. 깨끗한 수돗물이 내 식도를 내려가 위와 대장 콩팥 여러 기관을 스며들며 따뜻한 암모니아인 소변으로 배출되길 바란다. 집에 있는 수돗물을 한 바가지 떠서 혀에 있는 감각 세포를 살려 내고 싶다.

4. 시간이 흐르고 있고 내 세월이 간다는 걸 두 눈으로 똑바로 보며 느끼어 보고 싶다.

시간을 낭비하거나 그냥 물처럼 흘려보내게 하고 싶지 않단 뜻이다. 시간을 허투루 보내면 슬픈 일일 것이다. 시계는 항상 짹각짹각 소리 내어 흘러간다. 시계가 쏜살같이 움직이는 이유는 세월이 가는 방향을 알고 있기 때문이다. 우리는 시계를 보며 세월이 흘러가는 것을 깨달았고 시계가 술을 먹고 초침이 이상하게 가나 건전지를 먹으며 똑바로 가나 그냥 지켜볼 뿐이다.

5. 내 침대에게 감사 일기 쓰며 침대를 쓰다듬어 주기

여태까지 내 허리와 몸무게를 버티며 푹신푹신하게 날 어루만져 준 침대. 내 침대에게 감사의 편지를 적어야겠다. 푹신푹신한 감각으로 날 편안히 자게 해준 고마운 친구. 내가 마지막이 될 때까지 함께 있고 싶네. 동반자여. 침대야 ~널보고 말하는 거다.

이제 말만 하지 말고 내 침대에게 감사의 일기를 써야 한다. 어느 구절 어디 맥락에서부터 글을 쓸까? 결론은 난 나의 침대를 좋아하고 존경한다. 지금 이 시각 내 침대에게 감사 일기를 쓰자. 그리고 내 침대에게 향수를 뿌려보자. 향수를 먹은 침대는 참 좋은 기분으로 날 쳐다볼 것이다. 지금 버킷리스트를 다 썼으니 마지막으로 바람이 되기 위해 하늘로 올라가자.

NO.20

서덕만

□ 소개
- 고등학교 영어 교사로 근무
- 초등학교 독서지도사로 근무

♣ 은퇴 후 낭만 시니어로 글쓰기, 둘레길 걷기,
맨발 걷기에 흠뻑 빠지다.
새로운 분야인 어반스케치, 포토에세이, 낭독 샤워,
시니어 오디오 드라마에 도전하는 멋있고 풍요로운 삶을 향유하는
노신사이다.

□ 연락처
이메일: eddy423@hanmail.net

내가 더 살아야 할 이유

　몇 해 전, 영화사랑 인문학 강좌를 수강하면서 버킷 리스트를 작성해 둔 게 있다. 그중 하나가 글쓰기이다. 60대에 '나만의 자서전'을 완성하고, 70대에 그동안의 여행기를 책으로 엮는 일이다. 아울러 80대에 독자들에게 선보일 만한 '수필집'을 발간하고 그 반응을 엿보는 일이다. 나이가 들어도 작은 꿈과 목표를 갖고 살아가는 것은 분명 시니어들의 생에 활력을 불어넣는 일임에 틀림없다.

　나는 가끔 고향에 내려간다. 그곳에는 아흔이 지난 어머니가 혼자 고향 집을 지키고 있다. 아침 식사를 하고 어머니와 냇가 둑을 따라 산책하는 게 루틴이다. 어머니는 텃밭에 여러 가지 채소를 심어놓아 아들을 위해 채취해서 맛있는 요리를 해주신다. 예전이나 지금이나 모정(母情)은 한결같다. 고향에는 어린 시절 친구들이 늘 나를 기다리고 있다. 우리는 자연을 벗 삼아 드라이브하고, 강변(江邊) 따라 조성된 파크골프장을 찾아 가벼운 게임을 즐긴다. **노모(老母)의 말벗이 되어드리고, 친구들과 어울리며 영원한 우정을 지속하기 위해서는 건강한 삶을 이어가야 한다.** 이게 더 살아야 할 이유 중의 하나가 아닐까 싶다.

　인생(人生)을 흔히 항해(航海)나 나그네로 비유한다. 말띠 해에 태어난 나는 어린 시절부터 부모님 곁을 떠나 도회지에서 학업을 계속했다. 공교롭게도 직장 생활마저 고향을 떠나 타지의 삶이 오랫동안 펼쳐졌다. '떠돌이 삶'이 어느덧 여행으로 승화되면서 로맨틱 가이(Romantic Guy)를 동경하고, 화조풍월(花鳥風月)의 세계에 서서히 발을 들여놓기 시작했다. 그러다 보니 여행이 좋아졌다. 언젠가부터 TV 프로그램 중 '걸어서 세계 속으로(KBS 1TV)'와 '세계테마기행(EBS TV)'을 즐겨 본다.

가르치는 일을 업(業)으로 하다 보니 수학여행이나 졸업여행을 인솔할 기회가 가끔 주어지고, 방학이면 동료들과 떠났다. 처음에는 주로 동남아와 중국, 일본 위주로 다녔다. 서서히 그 영역이 호주, 미국, 동유럽으로 확장되었다. 은퇴하고는 서유럽, 북유럽, 러시아를 다녀왔다. 아껴둔 뉴질랜드, 캐나다, 남미는 자연이 가장 아름다워 버킷 리스트 여행지로 자리했다. 문제는 체력이다. 뒷받침해 줄지가 관건이다. 여행 경비는 현직에 머물고 있을 때, 저축해서 모아두었다. 요즘은 중동 지역과 중앙아시아도 눈에 들어와 포함해야 할지 고민이다.

은퇴 후 시간적인 여유가 많다 보니 '한 달살이'도 하고 싶다. 2015년 용기를 내어 호주 멜버른에서 홈스테이하면서 3개월 동안 문화 체험 겸 여행을 한 적이 있다. 현재 나의 체류 희망지는 제주도와 베트남 남부 지역이다. 호치민(사이공)에는 고향 동네 사람이 살고 있다. 그는 오래전에 베트남으로 건너가 '가마골'이라는 한식 요식업을 하고 있다. 믿는 구석이 있기에 과감하게 도전장을 던져볼까 한다.

'내가 더 살아야 할 이유'를 크게 세 가지로 정리해 본다.

✓ 첫째, 어머니와 사랑스러운 손주를 위해서이다. 어머니의 아들

로서, 손주들의 할아버지로서 그 역할을 충실하게 수행하고 싶다. 그러려면 무엇보다도 심신이 건강해야 한다. 나름대로 둘레길 걷기, 맨발 걷기, 소공원 야외생활체육시설을 늘 가까이하면서 꾸준히 운동하고 있다. 기왕이면 탁구나 볼링, 파크골프를 생활화하면서 대인관계, 재미, 운동을 겸하는 활동을 곁들여야겠다.

✓ 둘째, 독자를 의식한 여행기와 수필집을 출간하기 위해서는 삼다(三多) 즉 다독(多讀), 다작(多作), 다상량(多商量)을 통해 인풋(다독), 아웃풋(다작), 사고력(다상량) 향상에 최선을 다해야겠다. 혼자의 힘으로는 벅차니 독서 모둠과 글쓰기 동아리에 가입하여 활동하고, 틈틈이 에세이와 단편소설 쓰기 강좌를 수강하여 도움을 받을 생각이다.

✓ 셋째, 아껴둔 여행지를 즐겁고 효율적으로 다녀오기 위해서 여행지에 대한 충분한 사전 조사, 방문국의 기본 회화 익히기, 무엇보다 중요한 것은 체력 단련이 필요하다. 현지인들과 부딪쳐 의사소통하고, 그들과 어우러져 문화 체험을 하면서 얻는 즐거움 또한 크다.

머지않아 우리나라 기대수명이 90세 이르고(2024년 기준 한국인 평균수명은 83.4세), 100세 시대가 도래하면 자신이 좋아하는 일이나 새로운 분야에 도전해 보는 것도 바람직하다. 세상에 태어나 멋진 삶을 마무리하려면, 시니어들이여! 이제라도 버킷 리스트를 작성하고 도전하길 바란다.

나를 위한 선물

21. 최무빈
나를 위한 선물

22. 박보라
다시 나를 살아가는 중입니다

23. 염숙영
내 마음이 먼저 간 길

24. 차에스더
예수님의 제자를 세우는 길 위에서

25. 김영애
나는 무엇을 바라고 사는가

26. 최형임
버킷리스트(있다/없다)

27. 최세경
이루어진 꿈 그리고 앞으로의 여정

28. 김선화
배우고, 끝까지 살아내기

29. 최유경
100억을 모아 경제적 자유를 이루는 것

30. 안은숙
세계 역사 탐방하기

NO.21

최무빈

❏ 소개

1. 충남 서산 출생/거주
2. 전자책 시집 : 나에게도 행복이 온다
3. 공저 : 내 삶을 바꾼 질문
   　　　　내 삶을 바꾼 습관
4. 그림이 있는 공간 운영

❏ 연락처

1. 전화: 010-2587-9445
2. 인스타그램: cafe.on.da
3. blog: 행복이 오는 카페온다

나를 위한 선물

빨간 글씨가 끼인 날이면 놀러 갈 궁리를 하고, 뭐 즐거운 일이 없을까 생각하는 게 보편적인 회사원의 연휴다. 50세가 되던 어느 날 갑작스럽게 아주 뜬금없이 그런 생각이 들었다. *'난 무얼 하고 여태 산 거지?'*

연휴라고 어디 놀러 갈 시간도 없이 서너 시간의 수면에 더 잘 먹고 더 잘사는 것도 아니면서 누굴 위해 이렇게 살고 있는지 후회가 파도처럼 밀려왔다.

하고 싶은 것도 많고 가고 싶은 곳도 많았는데 제대로 한번 해보지도 못하고 사느라 바빴던 시간. 언젠가 딱 한 가지 하고 싶었던 것이 있었다. 여자들의 로망 바디프로필 찍기다. 젊지도 않은 여자가 정말 속옷만 걸치고 보란 듯이 서서 사진을 찍을 수 있을까! 내가 나를 의심하게 되었지만, 더 늦기 전에 내 몸에 아직 남은 근육을 사진으로 남겨 보고 싶었다.

촬영 날짜를 예약해 놓고 내 버킷리스트 첫 번째 테이프를 끊었다. 그렇게 나는 그저 당당한 여자로 내가 하고 싶었던 일들을 해가며 그동안 남들보다 적게 자고 더 많이 일하고 나에게 주지 못한 선물을 주기로 마음먹었다. 늘 똑같은 일상에 젖어서 살아왔다면 이제는 나에게 해주고 싶은 것, 명품 가방은 아니어도 읽고 싶은 책이라도 아낌없이 나에게 내어주는 사랑을 실천하려고 한다.

요즘 내 정원에서 골프 연습하는 골린이가 되었다. 첨엔 무슨 말인가 했는데 처음 배우는 초보를 골린이라고 부른다고 한다. 물론 예전엔 부자들이나 하는 고급 운동이었지만 지금은 보편화되었고, 많은 사람이 함께할 수 있는 스포츠가 되었다.

골프는 내가 하고 싶어서 시작한 운동은 아니었다. 전 직장 동료가 어디서 골프채와 가방까지 완벽히 준비해 와서 프로 강의도 해주고 동작과 치는 법을 가르쳐주고 간다. 수업료도 없는 무료 강습이다.

또 다른 버킷리스트를 가꾸는 중이다. 사람은 누구나 각자에게 맞는 기호 식품처럼 하고자 하는 바와 추구하는 이상이 있다. 나처럼 나에게 휴식도 주지 않고, 혹독하게 일만 시키는 사람들에게는 자신에게 주는 선물이 필요하다는 것을 말하고 싶다.

누구에게나 인생은 딱 한 번 살 수 있는 소풍 같은 기회라고 했다. 고생하며 살아왔던 평화롭게 살아왔던 지금, 이 순간 나에게 행복을 주고 내가 나를 사랑해야 하지 않을까 생각해 본다. 왜냐하면 나도 나를 사랑한 시간이 짧아서 아쉽기 때문이다

여러 가지를 한 번에 많이 할 수는 없지만 작은 것부터 소소하게 이루어 나가는 것도 소중하다는 것을 바디프로필을 찍고 나서야 알았다!

내가 내 몸을 다 모르듯이 내 안에 내가 무엇을 원하는지 무엇을 소중하게 여기는지 잘 생각해 보아야 한다.

바쁘게 산다고 행복한 것도 아니고, 돈이 많아서 행복한 것도 아니다. 그러면 진정으로 내가 행복한 것이 무엇인지 찾아보는 시간도 가져야 한다.

내 인생의 버킷리스트를 써내려 보면서 아직도 하고 싶은 일이 많이 남아 있음을 알았다. 그래도 이번 생엔 내가 나를 위해 할 수 있는 것을 했다는 뿌듯함.

"못하고 지나갔으면 어쩔 뻔했어!
잘했다, 힘내 그리고 응원하고 축복해!"

나에게 메시지를 전달하면서 힘든 시대를 살아내는 모든 사람이 한 번뿐인 인생에 버킷리스트를 실천하면서 살았으면 좋겠다.

NO.22

박보라

□ 소개

1. 교육사 35년 운영
2. 치매 극복의 날 체험수기 최우수상 수상
3. 치매 안심센터 리더
4. 치매 재활 레크리에이션 1급 강사 자격증
5. 치매 전문 교육과정 관리자 교육 이수
6. 한국화 부채 예술 대전 입상

□ 연락처

1. 닉네임: 보라 꽃
2. 손폰: 010-8575-0572

다시 나를
살아가는 중입니다

어릴 적 나는 초등학교 선생님이 되고 싶었다.

말을 예쁘게 하고 칠판에 또박또박 글씨를 쓰며 아이들과 눈을 맞추는 선생님의 모습이 참 멋져 보였다. 또 하나, 나는 문학소녀였다. 시를 쓰고 책을 읽고 이야기 속 세상에서 나만의 감정을 키워갔다.

하지만 나는 어느새 '엄마'와 '아내'로 집안의 중심이 되어 있었다. 세상을 향한 꿈은 잠시 접어두고 아이들의 하루를 먼저 챙기고 가족의 안정을 위해 내 마음은 늘 뒷순위였다. 하고 싶은 게 없었던 것은 아니었다. 단지 시간이 없었을 뿐이다.

일상을 채우는 수많은 일들 사이에서 '나'라는 사람은 점점 흐려졌고 내가 진짜 원하는 게 무엇이었는지조차 생각할 여유가 없었다. 그렇게 바쁘게 살아오던 날 세상이 갑자기 조용해졌다. 남편이 떠난 지 3년.

텅 빈 자리를 감당하느라 정신없이 흘러간 시간. 그 시간이 지난 지금, 나는 자신에게 조용히 물어본다. 이제 나를 살아도 될까? 그 물음에 대한 작은 대답으로 나는 삶의 문을 다시 열기 시작했다. 주저하기도 하고, 두렵기도 하지만 하나하나 작은 도전을 해보기로 했다.

가장 먼저 시작한 것은 대학교 평생학습관 라틴댄스 수업이었다. 나이에 대한 걱정, 몸이 굳었다는 불안함, 이제 와서 내가 뭘 하지? 라는 생각들이 맴돌았지만, 젊은 친구들과 어울려 땀을 흘리고 리듬에 맞춰 몸을 움직이니 어느새 나도 살아있다는 기분이 들기 시작했다.

지금 내 삶은 말 그대로 활기차다. 1주에 세 번은 아쿠아로빅, 두 번은 요가 수업, 보건소의 비만 관리 운동과 구청 평생학습관 건강체조 수업, 실버대학 등. 몸을 움직이니 마음도 따라 움직였다.
정적인 시간도 소중히 여긴다. 시 창작 수업에서는 내 감정은 글로 풀어내고, 그림 수업에서는 따뜻한 커피 향기 속에서 나도 뭔가 할 수 있다는 자긍심을 다시 느낀다.
그리고 매주 하루는 나만의 리듬으로 춤을 추는 라틴댄스 수업이 있다. 어쩌면 지금 내 삶은 예전엔 상상도 못 했던 버킷리스트의 연속일지도 모른다.

그런데도 가끔은 마음이 멈춘다. 이렇게 열심히 살고 있지만 딱히 하고 싶은 게 없다는 기분, 많은 것을 시도해 봤기에 더 이상 특별한 기대가 생기지 않을 때도 있다.
그럴 땐 자신을 다그치기보다 이렇게 말한다. '지금 이대로도 괜찮아. 나는 이미 다시 살아가고 있으니까'

운전을 다시 해보고 싶다.

면허는 있지만 10년 넘게 운전대를 잡지 않았다. 하지만 이제는 어디든지 내 힘으로 다녀오고 싶은 욕심이 생긴다. 어떤 사람과 마주 앉아 식사도 하고 함께 이야기 나누며 여행을 가고 싶다는 마음도 있다. 두려움도 있다. 자녀에게 뭐라고 말해야 할지 망설여지고 나이를 생각하면 괜스레 머뭇거리게 된다.

하지만 나는 더 이상 외로움 속 내 삶을 가두고 싶지 않다. 내가 행복하게 살아가는 모습을 보는 것. 그것이 아이들에게도 진짜 응원이 될 거라고 믿는다. 그저 내가 나로서 살아가기 위한 작은 실천들. 그래서 나는 이렇게 적는다.

"매주 한 번 라틴댄스로 땀 흘리기, 10분 거리라도 내가 운전해서 다녀오기, 누군가와 따뜻한 밥 한 끼 나누기, 다시 사랑하기, 그리고 무엇보다도 노래하고 춤추며 살아있는 나로 살기."

나는 지금 다시 나를 살아가는 중이다. 그리고 이 길 위에서 아직 늦지 않았음을 매일 새롭게 배워가고 있다.

NO.23

염숙영

❑ 소개

1. 사회복지학 박사
2. 사)한국커뮤니티연구원 운영교수
3. 사)한국창의인성교육원 전문강사
4. 한국작가협회 감사 / 서울광진지부장
5. 숲해설가, 시낭송가, 효문화해설사
6. 평생교육사,
7. 국제공인프리페어인리치 부부상담사
8. 공공기관NCS블라인드전문면접관

❑ 연락처

E-Mail: comet951118@hanmail.net

내 마음이 먼저 간 길

누구에게나 가슴 깊은 곳에 숨겨둔 꿈이 있다. 때로는 무모하게 느껴지기도 하고, 때로는 '언젠가'라는 말로 미뤄두고 있는, 하지만 생각만 해도 가슴이 뛰는 그런 일들. 나에게도 그런 순간들이 있다. 조용히 품어온 소망들이 이제 퇴직하고 여유가 생기니 하나둘 이루고 싶은 욕심이 생겼다. 행동보다 먼저 간 길. 그 길 위에 적어놓은 나만의 버킷리스트. 그래서 나는 그 마음을 하나씩 꺼내어 적어보려 한다. 시간이 지나도 빛바래지 않는 나만의 소망들. 내 삶을 조금 더 따뜻하고 반짝이게 해 줄 이야기들이다.

1. 함께 만든 무대, 한 편의 시처럼

사람들 앞에서 시를 낭송할 때면 나는 어느새 시 속 주인공이 된다. 학창 시절, 방송반에서 아나운서로 활동하며 "목소리가 예쁘다"라는 말을 자주 들었다. 그 말을 들을 때마다 괜히 가슴이 따뜻해졌고 오랫동안 내 마음에 남았다. 그래서 몇 년 전부터 시 낭송을 제대로 배우기 시작했다. 무대에 서는 건 여전히 떨리지만, 시를 읊는 순간만큼은 나에게 선물 같은 시간이다. 몇 년 전 우연한 기회에 준비도 없이 남편은 기타로 배경음악을 연주하고 나는 그 옆에서 시를 낭송했다. 부족한 무대였지만 그날의 떨림은 아직도 선명하다. 마치 우리 둘이 함께 만든 시 한 편 같았다. 언젠가, 조금 더 완성도 있는 무대에서 남편과 다시 함께 서고 싶다. 시와 음악이 어우러지는 그 순간, 누군가의 마음에 오래 남는 목소리로 시를 전하는 것, 그것이 나의 첫 번째 버킷리스트다.

2. 한 권의 책에서 시작된, 나의 삼국지 여행

어릴 적, 아버지가 건네주신 만화 삼국지는 낯설면서도 신기했다. 수많은 인물과 복잡한 이야기 속에서도 사람 사는 모습이 고스란히 담겨 있었고, 어느새 그 책은 내 삶의 방향을 잡아주는 나침판이 되었다. 직장에서는 유비 같은 리더십이 필요했고, 관우 같은 신뢰가 중요했으며, 때로는 제갈공명처럼 머물러 있지 않고 미래를 내다보는 지혜도 필요했다.

사람과 사람 사이에서의 거리, 말 한마디의 무게, 때로는 물러남이 더 큰 힘이 된다는 걸 삼국지 속에서 배웠다. 삼국지는 나의 가장 오래된 인생의 교과서였다. 삼국지 속의 여행지는 일부 다녀온 곳도 있지만, 아직 가보지 못한 곳들이 많다. 하지만 시간이 허락하는 대로 하나씩 밟아가고 싶다. 그것은 단순한 여행이 아니라 나의 삶과 오랜 시간 사랑해 온 이야기와의 만남이기 때문이다. 그래서 이 여정은 지금도, 그리고 앞으로도 내 버킷리스트 중 하나로 소중히 남아 있다.

3. 천천히 걷는 길 끝에 책 한 권을 꿈꾸다

어느 날, 나는 평창 월정사의 전나무 숲길을 걸은 적이 있다. 주차장에서 적광전까지 이어진 그 길은 내 마음을 조용히 어루만져 주었다. 그날 이후, 나는 자주 산사 길을 찾게 되었다. 여러 번 선재 길을 걸었고, 서울에서 출발해 해남 대흥사에 이르기까지 전국의 산사 길을 따라 걷고 또 걸었다. 숲길을 걷는 동안, 나는 자꾸만 나를 들여다보게 되었다. 걷고, 보고, 느끼고, 메모하며 사진과 함께 작은 기록을 남겼다.

삶이 벅차고 마음이 지칠 때, 나는 다시 그 길을 떠올린다. 현대처럼 앞만 보고 달리는 시대에 잠시 멈춰 비워내는 시간이 얼마나 소중한지 산사 길은 조용히 말해주었다. 108 산사 길을 모두 걸어보는 것이 첫 번째 목표라면, 그 길 위에서 마주한 위로와 사색을 담아 '힐링 108 산사길'이라는 여행책을 쓰는 것이 두 번째 꿈이다. 누군가에게 그 길이 작은 쉼표가 되어주길 바라며.

나의 버킷리스트 중에서도 오래도록 내 마음 속에 떠돌던 세 가지를 꺼내어 적어보았다. 아직도 마음 속 깊은 곳에는 이루고 싶은 꿈들이 있다. 삶의 어느 순간, 문득 용기가 날 때마다 그 꿈들을 하나씩 꺼내어 조심스레, 그러나 담대하게 써 내려가고 싶다. 버킷리스트는 단지 이루어야 할 목표가 아니라, 나를 더 깊이 들여다보게 하고, 내 삶을 더 빛나게 하는 나만의 이정표이니까.

NO.24

차에스더

❏ 소 개

1. 예은마음상담 치유연구원 소장
2. 지저스 예술선교연구원 학장/교수
3. 전인치유상담 연구원 학장/교수
4. 상담심리치료학회 이사 [대신대학대학원목회, 신학명예박사]
5. 온누리칭찬학교 학장/교수
6. 칭찬신문 기자, GOODTV 선교기자
7. 한국열린사이버대학 사회복지학과 특임교수
8. CTS 시니어모델
9. 주님의교회 담임목사 (백석)
10. 저서- [내 삶의 좌우명][절망에서 부르심으로]

❏ 연락처

1. 유튜브 : 샬롬SL TV [010-3860-0605]
2. 이메일 : goodcbm@hanmail.net

예수님의 제자를
세우는 길 위에서

1. 하나님, 왜 저를 이 땅에 보내셨나요?

깊은 밤, 온 세상이 잠든 고요 속에서 홀로 주님 앞에 앉아 여쭙습니다. "하나님, 왜 저를 이 땅에 보내셨나요?" 제 마음 깊은 곳에서 잔잔한 음성이 들려옵니다. "내 사랑을 전하게 하려고 내가 너를 먼저 사랑했단다." 그 순간, 눈물이 주르륵 흘렀습니다. 제가 그토록 쫓았던 성공, 인정, 세상의 칭찬, 그 모든 것이 덧없었습니다. 하나님의 사랑, 그 단 하나의 이유가 제 존재의 뿌리였습니다. 이제 제 삶의 버킷리스트는 명확해졌습니다. 제가 받은 사랑을 나누는 삶, 그것이 하나님께서 제게 주신 가장 귀한 목적입니다.

2. 작은 순종이 하나님 손에 들릴 때

성경 속 기드온은 떨리는 목소리로 말했습니다. "주여, 제가 누구이기에… 저는 너무나 약하고 보잘것없습니다." 그러자 하나님께서는 단호하게 대답하셨습니다. "내가 너와 함께하겠다. 너는 강하고 용맹한 사람이다." 하나님께서는 세상이 하찮게 여기는 작은 자를 택하십니다. 기드온의 300명은 숫자는 보잘것없었지만, 하나님의 임재와 함께 역사를 이루었습니다. 제 작은 순종 또한 하나님의 손에 들릴 때 놀라운 기적이 될 수 있습니다. 하나님께서는 오늘도 저를 부르십니다. "내가 너와 함께한다. 그러니 두려워하지 마라." 제 버킷리스트는 거창한 업적이 아닙니다. 작은 순종으로 한 영혼을 예수님께로 인도하는 것, 그것이 하늘의 가장 큰 기쁨이 될 것입니다.

3. 바울처럼

사도 바울은 디모데에게 편지를 쓰면서 눈물을 글썽였습니다. "네가 생각날 때마다 눈물이 난다. 네 속에 있는 진실한 믿음이 내게 큰 위로가 된다." (디모데후서 1:4-5) 제자 훈련은 단순한 지식 전달이 아닙니다. 그것은 사랑이며, 눈물입니다. 디모데는 바울의 가르침보다 그의 눈물을 통해 복음을 더 깊이 깨달았습니다. 혹시 누군가를 위해 새벽에 무릎 꿇고 기도하며 눈물 흘려본 적 있으신가요? 그 한 사람을 위해 말없이 곁을 지키며 기다려본 적은요? 바로 그 눈물이 복음입니다. 그 사랑이 제자를 세웁니다. 진정한 믿음은 가슴에서 가슴으로, 눈물을 통해 흘러갑니다.

제 버킷리스트에 또 하나의 소망이 더해집니다. 예수님의 마지막 명령이자 우리의 첫 번째 사명, 예수님께서는 부활하신 후 제자들에게 단 하나의 명령을 남기셨습니다. "그러므로 너희는 가서 모든 민족을 제자로 삼아라." (마태복음 28:19) 이 사명은 무겁게 느껴지지만, 동시에 가장 아름다운 초대입니다. 하나님의 구원 역사는 한 영혼을 통해 오늘도 이어집니다. 저를 통하여 세워진 한 제자가 또 다른 제자를 품는 날, 그 광경은 하늘에서 가장 귀한 열매로 여겨질 것입니다. 제 버킷리스트는 단순하지만, 깊은 의미를 담고 있습니다.

예수님의 마지막 명령을 따라, 사랑으로 제자를 세우는 것. 이 숭고한 사명을 가슴 깊이 새기고 매일 걸어가겠습니다.

4. 마지막 날, 하나님 앞에 드릴 단 하나의 열매

주님, 제 삶의 마지막 순간, 당신 앞에 서는 날이 온다면, 제가 드릴 수 있는 단 하나의 열매는 사랑으로 품었던 한 영혼일 것입니다. "주님, 바로 이 사람입니다. 당신의 사랑으로 함께 울고, 함께 웃으며, 당신의 제자로 세우기 위해 애썼던 사람입니다." 그 한 사람을 하나님께 온전히 올려드릴 수 있다면, 그것은 제 인생의 가장 깊은 감사와 영광이 될 것입니다. 세상은 제 이름을 기억하지 못할지라도, 하나님께서는 제가 사랑했던 그 한 사람을 분명히 기억하실 것입니다. 제 삶의 버킷리스트는 바로 이것으로 완성됩니다. 하나님의 사랑으로 한 영혼을 품고, 그를 당신께 드리는 것. 그 사랑으로 살아가는 삶, 그것이 제 인생의 전부입니다.

5. 결론: 단순하지만, 강력한 버킷리스트

이제 제 삶은 한층 단순해졌습니다. 제가 받은 그 귀한 사랑을 또 다른 사람에게 전하며, 예수님의 참된 제자를 세우는 것. 그것이 바로 제가 이 땅에 존재하는 이유입니다. 하나님의 사랑이 제 안에 충만히 머물고, 그 사랑이 한 사람에게 흘러가, 그 한 사람이 또 다른 사람을 품는 바로 그 순간, 제 삶의 버킷리스트는 비로소 완성될 것입니다.

NO.25

김영애

❑ 소개

1. 60중년의 주부
2. 평범한 현모양처
3. 신실한 크리스챤(권사)
4. 성가대 봉사(알토)
5. 전직 초등학교 기간제 교사
6. 상담원으로 근무중
7. 하준이 할머니

❑ 연락처

전화: 010-7765-9246

블로그: https://m.blog.naver.com/kya2704

이메일: kya2704@naver.com

나는 무엇을 바라고 사는가

한 번도 자신을 위해 돈과 시간을 써본 적 없이 치열하게 살아온 나에게, 후회만 하면서 살아온 것 같은 나에게 행복한 삶을 위해 바라고 원하는 것을 써보라고 한다.

참 어려운 일이기도 하지만 의미 있는 시간인 것 같다. 건조하고 팍팍하고 바쁘게 살아온 삶의 한 자락에서 죽기 전에 꼭 해보고 싶은 일을 생각하고 꿈꾸어 보는 것만으로도 설레고 가슴이 뛴다.

이제 더 이상 환경은 중요하지 않다. 내 마음의 소리를 듣는다. 나를 들여다보고 나를 깨운다. 내 마음 깊은 곳의 우물물을 퍼 올려 갈증 어린 목마름을 적셔 주어야겠다.

나의 남은 시간을 의미 있고 충만함으로 채워 주변으로 흘러넘치게 살아내고자 몇 가지 소원을 담아본다.

1. 능숙한 기타 연주로 노래하기

초등학교 4학년 때 오빠 둘의 기타 연주를 보고 어깨너머로 기타를 쳤고 소풍 가면 반 대표로 노래하며 기타를 쳤지만, 정식으로 배운 적이 없어 실력이 느는 데는 한계가 왔었다.

고등학교 때부터는 야자로 늦게 귀가하고 입시 준비로 기타를 만질 시간이 없었다. 많은 시간이 흐르고 결혼과 육아와 직장 생활로 마음속에만 돌고 있는 나의 기타. 이제 유튜브를 통해서라도 다시 기타를 잡아야겠다.

2. 일 년에 한 번 이상 친구들과 1박 2일로 기도원 가기

오랜 친구이자 신앙의 동지인 사랑하는 친구가 서너 명 있다. 각자 하는 일도 취향도 다르고 결혼 후 뚝뚝 떨어져 살기에 만나기도 어려운데 기도원에서 만나기로 하자.

3. 원할 때 언제든지 여행 가기

누군가가 말했다. "시간이 있으면 돈이 없고, 돈이 있으면 시간이 없어서 여행을 못 간다"라고. 없는 시간도 만들어서 마음이 동할 때 떠나야겠다. 선교여행이든 해외여행이든 상황이나 환경에 매이지 말고, 훨훨 떠나자.

4. 세컨드하우스 짓기

집에서 멀지 않은 곳에 텃밭과 꽃밭이 딸린 아담한 황토집을 지어 노후에 휴식처로 삼으려고 한다. 볕 좋은 곳에 된장과 고추장 항아리 뚜껑도 열어 놓고 내 덩치만 한 첼로 꺼내 낑낑 깡깡 연주도 하고 싶다. 가끔 친구들 모아 삼겹살 파티도 하고, 손주들 꽃 따는 모습 사진도 찍어 줘야지.

5. 유명 작가 되기

엄마의 이야기를 담아 소설로 써보고 싶다. 최근 엄마의 유품을

정리하다가 네 권의 일기장을 발견했는데 그대로 보관만 하기에는 너무 아쉬워 책으로 써보려 한다. 나의 감성으로 시와 수필도 써서 매년 출판기념회 하는 장면을 상상하니 행복하다.

6. 나만의 공간 서재 갖기

아무에게도 방해받지 않고 책 읽고 글 쓰고 성경 읽고 기도하며 가끔 악기 연습도 할 수 있는 나만의 공간을 갖고 싶다. 기역 자 책장을 두고 그사이에 넓은 책상을 놓을 것이다. 컴퓨터와 책꽂이를 갖추면 아주 근사한 나의 서재가 되겠지? 혼자만의 방이 있다는 건 참 소중하고 멋진 일이 될 것 같아 굉장히 기대된다.

7. 절친들과 함께 노래하고 찬양하는 모임 갖기

바쁜 일상 중에 정기적인 모임을 만들어 화음 맞춰 노래하고 찬양하는 여유를 가지면 얼마나 좋을까! 3성부로 중창을 해야 하니 최소 3명은 돼야 하는데 사정상 불참하는 경우를 대비해 후배도 몇 명 물색해서 구성해 봐야겠다. 반주자 없으면 아카펠라로 하면 된다.

노년을 활기차게 또 보람되고 건강하게 살다가 후회 없이 잘 살았노라 감사하며 천국 문 들어가야지.

이제는 나를 위해서 살아야지.

NO.26

최형임

❑ 소개

1. 신세계합동녹취속기사무소 대표속기사
2. 신세계속기학원 컴퓨터속기 강사
3. 인천외국어학교 불어교사
4. 한국외국어대학교 불어교육대학원 수료
5. 서울여자대학교 불어불문과 졸업

❑ 연락처

1. 블로그: blog.naver.com 신세계녹취속기사
2. 네이버 검색: 최형임 속기사

버킷리스트(있다/없다)

 이제 곧 성년이 되어가는 조카를 만나 모처럼 오붓한 저녁 식사를 할 수 있는 기회가 있었다. 이런저런 이야기를 나누다가 이모가 이번에 50인 공저로 쓰는 책의 주제는 버킷리스트와 관련된 거라고 이야기했다.

 그 얘기를 듣더니 나의 사랑하는 조카 왈 "*이모는 하려고 생각하면 다 할 수 있으니까 굳이 버킷리스트가 필요 없잖아요*"라고 하는 것이다. 빙고! 우리 조카가 역시 이모를 잘 알아주는구나! 내가 평소에 생각하기를 '사람이 줄 수 있는 것 중에 가장 좋은 것은 알아주는 것'이라고 생각했었는데, 우리 조카의 마음 씀씀이에 감사했다.

 맞다! 나는 내가 하고 싶으면 언제든지 할 수 있다고 생각해서 예전부터 사람들이 많이 운운하던 버킷리스트라는 개념에 별로 연연하지 않았었다. 여기까지만 보면 혹여 내가 무척이나 교만한 사람으로 느껴질 수도 있다는 우려가 되어, 이런 내 생각은 여러 마음의 퍼즐 중 단 한 조각에 불과하다는 말로 우선 넘어가려 한다.

 지금부터 말하려는 또 다른 한 조각의 마음을 들려주면 조금 전에 가졌던 나에 대한 견해에 반전이 일어날지도 모르겠다. 나는 친정어머니를 오랜 세월 모시고 살면서 행복하고 만족한 시간을 보냈지만, 한편 내 마음대로 시간을 자유롭게 쓰지 못하는 아쉬움은 있었다.

 그런 아쉬움 속에서도 행복하고 만족할 수 있었던 것은 내 나름대로 만들어낸 방어기제가 있었기 때문이다. 첫째는 미당 서정주 님의 어떤 책을 읽다가 들어온 개념으로 기억하는데 '작파요법'이다. 둘째는 '여우와 신포도' 개념이다.

내가 편안한 마음으로 현실에 만족하면서 살기 위해서 이런 내용들로 내 나름의 기준이 있었기 때문에 슬기로운 감정생활을 할 수 있었다고 자부한다. 손에 닿지 않는 것에는 아예 손을 뻗치지 않고, 그럴 시간에 내가 디딜 수 있는 땅에 전념하고 품 안에 들어오는 사람에게 사랑을 듬뿍 줄 수 있는 현실에 집중했기 때문이다.

그런 의미에서 '엄마'라는 존재는 언제든지 내가 다가가기만 하면 항상 기다리고 있다가 언제라도 웃으면서 맞아주는 따뜻한 보금자리였고, 그 자리를 나도 예쁘게 꾸며드리고 싶다는 마음뿐이었다. 그렇게 시간적인 한계가 있는 집중이 끝나고 나면 나만의 나래를 펼 수 있는 시간은 또 마련되리라는 믿음도 있었다. 그러니까 나에게 버킷리스트가 있을 리 없지 않은가.

그러다가 이번에 버킷리스트라는 주제로 글쓰기를 작성하고 나서는 본격적으로 한번 묵상해 보았다. 내가 과연 무엇을 원하는지. 무엇을 원하는데 아예 수면 위로 올리지 않고 묻어두었었는지, 내 마음 깊숙이 들여다보는 좋은 기회로 삼았다.

그래서 아예 제로베이스에서 시작하여 버킷리스트의 어원부터 찾아보았다. 'KICK THE BUCKET'이라고 중세 시대에 사람들이 자살할 때 목에 밧줄을 감고 양동이를 걷어차는 행위에서 유래되었다고 한다.

한때 아주 유독 버킷리스트가 유행처럼 다가왔던 적이 있었는데, 아마도 버킷리스트(THE BUCKET LIST)라고 2007년 미국에서 제작된 영화 '죽기 전에 꼭 하고 싶은 것들'이라는 영화의 영향 때문일까? 롭 라이너 감독에 잭 니콜슨과 모건 프리먼이 주연한 영화로 제목 그대로 버킷리스트를 소재로 한 스토리가 진행된다.

보통은 갑작스럽게 찾아온 병으로 인해 '나는 누구인가?' 돌아보고 정리할 시간이 필요할 때 남은 시간 동안 하고 싶던 일을 해야겠다는 의지가 생길 때 적는 리스트를 지금 시대의 우리는 행복할 때 미리 더 행복해지기 위해서 리스트를 작성해 보면서 미래의 행복을 이루는 그 과정을 즐기고 있다는 생각도 들었다.

그런 면에서 현대를 살아가는 우리는 그 무엇보다도 자신의 행복에 영민하게 촉각을 세우고 있다. 무던하게 지고지순하게 맡은 소임을 성심껏 해내다가, 그런 인생을 살아가다가 우연히 맞이하는 행복보다, 예민하게 찾아 나서는 행복에서 더욱 시련과 좌절을 느낄 수도 있겠지만 이미 이 시대의 우리는 행복을 갈망하고 있다는 사실을 부인할 수 없다, 고도를 기다리듯이.

나의 버킷리스트는 애써 찾는 행복보다 도처에 있지만 미처 몰랐던 행복을 발견하고 매 순간 기뻐하는 것이다.

NO.27

최세경

❏ 소개

1. 2007년 7월 ~ 한화생명 금융서비스
2. 상담심리학과 4학년 학생
3. 작가
4. 우수 인증 설계사 13회 연속 선정
5. ACE 클럽 8회 연속 수상
6. 생명보험협회 골든펠로우 3년 연속 선정
7. 한화생명 법인 전담 팀장
8. 닉네임: 초이세경

❏ 연락처

1. 네이버 검색: 최세경
2. 전화: 010-8668-1719

이루어진 꿈
그리고 앞으로의 여정

　버킷리스트! 말만 들어도 가슴이 두근거리는 단어다. '죽기 전에 꼭 해보고 싶은 일들'이라고 정의되지만, 내게 버킷리스트는 단지 생의 끝을 준비하는 것이 아니라, 지금 이 순간을 살아가는 동력과 방향성이다.

　어릴 적부터 나는 꿈을 적는 것을 좋아했다. 매년 다이어리 앞장에 목표를 적고 색색의 형광펜으로 강조하며 상상에 빠졌던 기억이 난다. 당시엔 그저 소망일 뿐이었지만 시간이 흐른 지금, 그 리스트 중 많은 것들이 현실이 되어 있다는 사실에 놀라지 않을 수 없다.

　✓ 작가가 되다
　나는 중학교, 고등학교 시절 문예부장을 맡았었다. 시를 좋아하고 책을 가까이했던 시절이다. 글짓기 대회에서 상을 받고 시화전도 열었던 그때부터 '작가가 되고 싶다는 소망'을 품었다. 물론 당시에는 막연했다. 현실은 늘 바쁘고, 글을 쓰기보다는 읽는 시간이 많았다. 그랬던 내가 2025년 5월, 첫 전자책을 출간했다. 오랜 꿈의 실현이었다. 전자책이 세상에 공개되는 그 순간의 떨림을 잊을 수 없다.

　그날 이후 나는 더 큰 꿈을 꾸기 시작했다. '100권 작가가 되자.'

숫자는 단순한 목표가 아니라, 나 자신과의 약속이었다. '내가 살아가는 동안 써 내려갈 수많은 이야기를 생각하면 아직도 가슴이 벅차다.

버킷리스트에는 개인적인 것뿐만 아니라 업무직인 목표도 함께 적는다. 나는 20년을 설계사로 일하고 있다. 때로는 지치고 현실적인 문제에 부딪힐 때도 있지만, 내일에 대한 자부심은 여전하다.

처음에는 고객 한 사람 한 사람의 인생 설계를 돕는 데 집중했지만, 시간이 흐르며 팀을 이끌고 개인 사업과 법인 사업을 하시는 대표님들의 성장과 함께 재무적인 목표가 함께 갈 수 있도록 도움을 주는 전문가가 되고 싶다는 목표가 생겼다.

놀랍게도 그런 소망을 글로 적어두고 몇 년이 지나 돌아보니, 하나하나 이루어져 있었다. 당시에 나는 단순히 '이루어졌으면 좋겠다.'라고 적은 것뿐인데, 실제로 그 모든 것이 이루어졌다는 사실에 새삼 글의 힘을 느꼈다.

마음에 품은 것을 글로 쓰는 순간, 그것은 막연한 꿈이 아니라 현실로 다가오는 약속이 된다는 것을 알게 되었다.

앞으로의 나의 버킷리스트에는 이런 것들이 적혀 있다.
'매달 1권씩 책을 내며 100권 작가로 살아가기'

나의 책이 누군가의 인생을 위로할 수 있기를 바란다.

업무적으로는 설계사로서 더 많은 사람의 삶에 긍정적인 영향력을 미치는 멘토가 되고 싶다. 또한 회사 안팎에서 강연하며 후배들에게 방향을 제시하는 리더가 되고 싶다. 개인적으로는 자연 속에서 글을 쓰는 삶도 꿈꾼다. 산속의 조용한 집, 창가에 커피 한 잔과 노트북, 그리고 넘실거리는 단어들, 상상만으로도 마음이 따뜻해진다.

버킷리스트는 단지 '하고 싶은 일'을 나열한 목록이 아니다. 그것은 나라는 사람의 정체성이며, 살아온 길과 앞으로 나아갈 방향을 보여주는 나침반이다. 나는 계속해서 꿈을 적고, 이루어 나갈 것이다.

그리고 어느 날 다시 돌아보며 말할 수 있을 것이다.

"나는 내 삶을 사랑했고, 내 꿈을 이루며 살았다"라고.

NO.28

김선화

❏ 소개

1. 영산대학교 겸임교수
2. 청소년지도사
3. 출판지도사
4. 아동권리교육강사
5. 연우심리연구소 U&I 학습. 진로상담전문가
6. 초등학교 문해교원
7. 청소년자원봉사소양교육강사

❏ 연락처

블로그: https://blog.naver.com/sunhwagiyo

배우고, 끝까지 살아내기

내 최초의 기억은 무엇일까?

어렴풋이 누구의 등에 업혀 논두렁 길을 걷고 있는 내가 떠오른다. 가끔 시골길을 걸을 때 나는 농약 냄새나, 수수를 태우는 냄새에 향수를 느끼곤 한다. 그때의 난 백일도 채 지나지 않은 갓난아기였는데 그 기억은 내 기억일까? 누군가 심어준 기억일까?

최초의 기억을 바탕으로 지금의 나는 강산이 다섯 번 바뀐 세월 속에 서 있다. 지난 과거를 돌아볼 때 난 평탄한 삶을 살지는 않았다. 망각 속에 숨어있는 기억의 방엔, 울고 두려움에 떨면 나를 다독이던 장면들이 자리 잡고 있다.

그때는 삶에서 하루가 전부였다. 아침에 눈을 떠서 세수하고, 방학이면 집에 있고, 등교하는 날에는 등교하고, 겨울, 아침에 일어났을 때 씻고 학교는 가야 하는데 엄마의 모습은 보이지 않는다. 난 밖에 놓여 있는 큰 통에 보이는 물의 얼음을 깨고 머리를 감았다. 길을 지나던 행인들이 *"저 봐라, 이 추운 날씨에 차가운 물로 머리를 감네."* 엄동설한에 얼음을 깨고 씻는 내 모습 그때부터 난 그렇게 일어나, 내일을 위한 것이 아닌 오직 하루를 위해 살았다. 그렇게 살아온 세월은 내 의지와는 상관없이 흘러, 지금의 내 모습을 만들어 냈다.

문득 '난 지금 무엇을 위해서 살아가고 있는 것인지' 자문을 던지지만, 명확한 답을 내릴 수는 없다. 지금 내 바람은 마음껏 배우고,

관심 있는 학문도 연구하면서 고뇌의 파도를 넘고 싶다고 생각한다. '그럼 이렇게 배운 후 나는 무엇을 하고 싶은 것일까?' 어제는 학생들과 수업에서 명예를 생각하는 친구들도 기본적으로 돈을 사랑해야 한다는 말을 전했다. 하고자 하는 작은 것을 실천하기 위해서는 돈도 필요한 것을. 사념의 틀에 갇혀 있는 나는, 나도 여기까지인가? 이렇게 말할 수밖에 없는 건가? 숲길을 벗어나야 하는데, 왜 같은 길을 계속 걷고 있는 것일까? 분명 보이는 것은 다른데 왜 같은 길을 돌고 있는 것일까? 다름을 구별할 수 있는 지혜를 얻고, 이 숲길을 벗어나고 싶다. 누군가에게 빛이 되어 다가갈 수 있다면, 그 빛이 되기 위한 희생이 필요할까? 평생 배움의 길을 가고 싶다. 그 배움의 길을 통해 내가 나눌 수 있는 능력을 강화하고 싶다. 그 능력으로 학대받고 있는 동물들을 보호하는 단체에 기부도 하고 싶다.

나를 돌아보면서 힘든 순간 누군가에게 안정감을 주는 사람이 되고 싶다. 난 친화력이 좋은 편은 아니다. 나의 부족함을 내가 볼 수 없을지라도 누군가에게 던지는 나의 언어가 그 사람에게 희망의 말로 다가서고 싶다. 그런 존재가 되기 위해 난 외로워야 한다. 그래서 오늘도 다시 한번 조용히 나를 돌아본다. 비록 내가 서툴고 부족하더라도 누군가 한 사람이라도 내 말에서 마음의 안정감을 느낄 수 있기를 바란다.

지금이 시작이다. 진짜로 내 삶을 살아가는 출발점에서 꿈을 적는 단순한 계획이 아니다. 하루하루를 특별하게 지금 순간이 중요하다는 것을 알고, 멈추지 않고 내 인생을 채워가고 싶다. 후회하지 않는 삶을 살기 위해서 나의 버킷리스트를 용기 있게 적는다.

먼저, 나의 삶에서 하고 싶은 걸 실천하기 위해 작은 꿈을 이루기 위한 경제적 기반 마련하기, 말과 행동으로 타인에게 안정감과 희망을 줄 수 있는 지혜로운 사람이 되기, 학습을 멈추지 않고 평생 배움이라는 것을 입에 달고 사는 나이기에 평생 배우는 삶을 실천하기, 자연에서 안정감을 느끼지 못하는 동물들에게 작게나마, 동물 보호 단체에 기부하기.

난 내가 친화력이 부족하다고 생각하는데 혹자는 아니라고 말하는 사람도 있다. 하지만 나의 관점에서 난 친화력이 부족하다는 걸 알고 있지만, 타인을 이해하고 따뜻하게 말 건넬 수 있는 사람 되기.

요즘은 혼자 생각하는 시간이 늘어나는 것 같다. 삶에서 주변의 사람이 많은 게 좋을까? 사람이 많다고 더 행복한 것도 아니고, 적다고 외로운 것을 아닐 터인데. 핵심은 내가 나답게 있을 수 있는 사람들이 곁에 있는 것이다. 외로움을 많이 느끼는 '나'이기에 외로움을 감수하며 깊이 있는 존재로 살기

세상을 떠날 때 나에게 부끄럽지 않기 위해서 실천하는 것들이 중간에 길을 잃을 수도 있을 것이다. 하지만 남의 길과 나의 길은 다르다는 것을 존중하면서 난 '배움의 습관을 실천'하면서 끝까지 살아갈 것이다.

NO.29

최유경

❑ 소개
1. ㈜날개부동산중개법인 CEO
2. 날개행정사사무소 대표 행정사
3. 대한행정사회 12기 부회장

❑ 연락처
1. (주)날개부동산중개법인 010-6401-3693
2. NAVER:홍대만수르
3. 인스타그램:홍대만수르

100억을 모아
경제적 자유를 이루는 것

내가 꿈꾸는 버킷리스트는 바로 50살 전에 100억을 모아 경제적 자유를 이루는 것이다. 주위 사람들은 돈만 좇아가면 안 된다고 하지만, 나는 이것이 잘못된 편견이라고 생각한다. 행복한 삶을 누리기 위해서는 절대적이고 현실적으로도 경제적인 여유가 먼저 필요하기 때문이다.

1. 인생은 무소유보다 풀소유

어릴 적 아버지께서 무소유라는 책을 주신 적이 있다. 당시에는 그 책의 내용처럼 살아보려고 노력하기도 했다. 하지만 점점 나이가 들며 알게 된 현실은 무소유를 외치던 사람들조차도 실제로는 그렇지 않았다는 것이다. 결국, 돈과 행복의 관계를 너무 이상적으로만 생각하지 않기로 했다.

2. 캠핑카 꿈의 실현

돈이 있으면 다양한 꿈을 실현할 수 있는 자유와 여유를 얻을 수 있다. 캠핑카를 타고 자유롭게 여행하며 휴식을 취하는 로망을 실현할 수도 있다. 경제적 여유가 없다면 이런 경험은 상상 속의 이야기로 남을 것이다. 그러나 내가 경제적 자유를 얻는다면 언제든 원하는 방식으로 삶을 즐길 수 있게 된다.

3. 오지 체험 살아남기

낚시나 해루질로 직접 잡은 음식만으로 3박 4일 동안 자연 속에서 살아보는 것도 해보고 싶다. 이런 경험을 통해 자연의 소중함을 깨닫고, 복잡한 일상에서 벗어나 내면의 평화를 찾을 수 있지 않을까 생각한다. 행복은 어쩌면 이렇게 단순한 순간 속에서 발견될지도 모른다.

4. 다재다능한 엔잡러

다양한 분야에서 자유롭게 도전하며 살아가는 엔잡러의 삶을 꿈꾼다. 본업 외에도 감각적인 카페나 분위기 좋은 음악이 나오는 술집을 운영하면서 많은 사람과 어울리고 삶의 이야기로 소통하는 인생의 다양한 매력을 즐기고 싶다.

다정다감한 나의 카페나 술집에서의 교류는 새로운 영감과 에너지를 줄 것이다.

5. 동남아 한 달 살기

베트남과 같은 이국적인 곳에서 한 달 정도 살아보며 현지 문화를 깊이 경험해 보고 싶다. 익숙한 환경에서 벗어나 낯선 곳에서 생활하다 보면 세상을 바라보는 시야도 넓어지고 삶에 대한 가치관도 더욱 성숙해질 것이다. 해외 생활은 내 인생에 잊을 수 없는 특별한 경험과 배움을 줄 것이다.

6. 사회적 기여와 봉사

경제적 여유가 있으면 사회적으로 기여하고 도움을 줄 수 있는 여지가 더 많아진다. 타인을 위해 봉사하거나 기부하는 등 내가 가진 것을 나누는 삶을 살아가고 싶다. 이런 활동을 통해 사회에 긍정적인 영향력을 발휘하고, 사회 구성원으로서의 책임감을 느끼며 더욱 충만하고 의미 있는 인생을 살 수 있을 것이다.

7. 긍정적인 영향력을 가진 존재

나는 경제적 자유라는 목표를 이루면서 나 자신뿐만 아니라 내 주변 사람들의 삶도 풍요롭게 하고 싶다. 이 과정에서 꾸준히 성장하고 성숙해져, 결국 누군가의 삶에도 긍정적인 영향을 미치는 사람이 되고자 한다.

나는 이 꿈을 반드시 현실로 만들어낼 것이다. 그리고 그 목표를 향해 나아가는 과정에서 만나는 모든 사람과 경험들이 내 인생을 더 가치 있게 만들어 줄 것이라 믿는다.

NO.30

안은숙

❑ 소개

1. 작가, 시인
2. 한국자서전협회 성동 지부장
3. 전자책 작가
4. 저서 [공주의 황금빛 날개], [바람의 정령 아이리스]
5. 로맨스(상),(하), 마지막 웨딩, 마이 엔젤, 안개꽃 당신(상), (하) 그리움은 나를 묻고, 인생 자서전 등

❑ 연락처

1. 네이버 검색: 안은숙
2. 유페이퍼 검색: 파키라

세계 역사 탐방하기

버킷리스트란 죽기 전에 꼭 해야 할 일이나 하고 싶은 일들에 대한 리스트, kick the bucket에서 유래했다고 인터넷을 검색하면 나온다. 갑자기 내가 하고 싶은 버킷리스트는 과연 무엇이 있을까 생각하자 너무 많은 것이 떠올라 머리가 복잡했었다. 하지만, 나는 죽기 전까지 여행을 떠나고 싶었던 몇 곳을 버킷리스트로 적어봤다.

1. 이집트 여행하기

벌써 오래전 일이지만 프랑스 작가인 크리스티앙 자크가 지은 람세스(1권~5권)와 태양의 여왕(1권~2권)을 읽고 나서 이집트 문명에 푹 빠졌던 시기가 있었다. 정교하고 흠잡을 곳도 없을 정도로 그의 소설은 완벽에 가깝다고 생각했다. 그리고 소설을 읽는 내내 이집트 왕인 파라오에 대해 생각했고 그곳이 바로 내 전생의 고향이라는 착각 속에서 살았었다.

이 책은 실존했던 이집트 파라오 람세스 2세를 주인공으로 한 책이고 역사소설에 속한다. 책을 사서 소장도 하고 몇 번이나 읽었지만 동경하는 마음은 아직도 뿌리 깊은 곳에 존재한다. 시간이 난다면 이집트의 사람머리와 사자의 몸을 가지고 있는 스핑크스와 파라오의 무덤도 꼭 보고 싶다. 그리고 세계 7대 불가사의로 꼽힌다는 피라미드의 내부와 외관을 보면서 내 안에 숨겨져 있는 욕망을 채우고 싶다.

2. 베르사유 궁전 여행

두 번째로 가고 싶은 곳은 프랑스 국왕 루이 16세의 왕비였던 비운의 여왕 마리 앙투아네트가 살았던 베르사유 궁전을 가고 싶다. 만화나 영화로도 많이 나와 모든 사람에게 알려진 곳이기도 하다. 그곳은 원래 루이 13세가 사냥용 별장으로 지었으나 루이 14세가 절대주의 왕권을 상징하는 궁전으로 만들기 위해 대정원을 착공하고 20년에 걸쳐 개축한 궁이기도 하다. 특히 거울의 방은 화려함의 극치를 보여 주고 궁정 축제와 외국 사신들을 접대한 곳이기도 하다고 한다. 사치와 향락 생활을 보여주는 베르사유 궁전은 어렸을 적부터 봐온 만화에서부터 비롯하여 영화를 보면서 동심의 세계에서 보고 싶다는 마음이 더 커진 것 같다. 절대왕정에서 나온 세계에서 가장 크고 화려한 궁전이기에 죽기 전에 꼭 가보고 싶은 곳으로 손꼽고 싶다.

3. 두칼레 궁전과 탄식의 다리 여행

이탈리아 베네치아 여행을 가면 필수로 두칼레 궁전과 탄식의 다리를 가봐야 한다고 한다. 베네치아 공화국 시절 도제 총독이 거주했던 공간이기도 하다고 하는데 미술관 같이 꾸며졌으며 티치아노, 틴토레토, 베로네세 등 르네상스 유명 화가들의 작품을 감상할 수 있다고 하니 금상첨화가 아닐까 싶다.

또한 탄식의 다리는 자유로운 방랑자이자 난봉꾼으로 잘 알려진 카사노바가 탈옥하며 건넌 다리로도 유명하다고 알고 있다. 비록 가보지는 못했지만, 말로만 들어도 굉장히 가슴이 설레고 두근거리는 것이 느껴진다. 역사이자 실제 현존하는 건축물이기에 더욱 보고 싶은 곳이기도 한 것 같다. 개인적으로 나는 예전 조상들이 살았던 흔적들이나 세계에 현존하는 역사물에 관심이 많은 편이기도 하다.

4. 베네치아 곤돌라 타보기

'물 위에 떠 있는 도시'인 베네치아의 상징이자 운송수단으로 5~6명의 인원을 태우고 운하를 운행하는 곤돌라는 뱃사공이 직접 노를 젓고 노래도 불러주며 관광객을 태우고 다닌다고 한다. 한 번도 가본 적은 없지만, 가끔 미디어를 통해 그 모습을 보면서 꼭 타보고 싶은 욕심이 생겼다. 수상버스인 바포레토도 있다고 하지만 개인적으로 곤돌라를 타고 영화에 나오는 것처럼 운치를 제대로 느끼고 싶다. 생각만 해도 벌써 가슴이 설렌다. 좁은 수로를 따라 오래된 건물을 보는 느낌도 꽤 낭만적일 거란 생각도 든다.

5. 알프스산맥(스위스) 여행

어렸을 때 만화로 봤던 [알프스 소녀 하이디]를 생각하면 요들송이 저절로 입에서 나온다. 흰 눈이 뒤덮이고 자연이 관광자원이 된 나라 스위스에 가고 싶은 것은 나의 마지막 버킷 리스트 중 하나이고 언젠가는 꼭 이루어질 것으로 생각한다.

마법 볼펜

IV.

31. 김도경
마법 볼펜

32. 윤민영
내 삶을 다시 꿰어가는 시간 나의 새로운 시작

33. 최민경
목적 진행형~ '버킷리스트'

34. 이정인
두 번째 인생을 위한, 버킷

35. 한지연
백조처럼 날아오를 나, 작지만 확실한 꿈

36. 최마리
아름답고 존엄한 마지막 소망

37. 한민정
앞으로 만들어갈 내 인생

38. 김종호
'양동이를 차기'전 꼭 하고 싶은 일

39. 이형은
버킷리스트의 퀘렌시아

40. 고서현
행복해지는 순간

NO.31

김도경

❏ 소개

1. 동해상업고등학교 졸업
2. 삼척산업대학교 졸업(행정학 전공)
3. 평생교육진흥원(사회복지학 전공)
4. 상지대학교평화안보상담대학원(심리학 전공)
5. 숙명여자대학교특수대학원(향장미용학과 전공)
6. 저서: 나의 코끼리(전자책)

❏ 연락처

인스타그림: dk_food_kim

마법 볼펜

2002년 10월의 버킷리스트

 가을이 짙어가던 어느 날, 행정실의 불빛은 평소보다 길게 머물러 있었다. 6시간째 이어진 야근 속, 사무실은 문서 더미와 고요한 타자 소리만이 공간을 채우고 있었다. 저녁 식사도 미룬 채, 우리는 커피 믹스 한 잔에 의지해 하루를 버티고 있었고, 창밖으로는 어둠이 내려앉으며 도시의 불빛이 하나둘 켜지기 시작했다. 그 순간, 피로가 묻어나는 정적 속에서 나는 자리에서 일어나 조용히 커피잔을 들고 두 명의 여직원을 바라보며 조심스럽게 입을 열었다.

 "우리… 지금 딱 5분만 쉬자. 그리고 상상해 보는 거야.
 5년 뒤의 우리, 어떤 모습일까?"

 두 사람은 놀란 듯 내 얼굴을 바라보았다. 나는 미소 지으며 말이었다.

 "요즘 브라이언 트레이시라는 사람의 책을 읽고 있는데 책 내용 중에.
 지금 네 손에 쥔 볼펜이 마법의 볼펜이라고 상상하래.
 그리고 그걸로 5년 뒤 내 삶을 바꿔줄 것들을 적어보라고 했어."

 그날 밤, 우리는 말없이 서랍에서 종이 한 장씩 꺼내 들고, 조용히 꿈을 적기 시작했다. 낡은 형광등 아래, 볼펜이 종이를 긋는 소리는 어쩐지 희망처럼 들렸다. 처음엔 어색했지만, 이내 펜 끝은 속도를 냈고, 사무실엔 따뜻한 침묵이 흘렀다. 우리 셋은 그날 처음으로 자신의 꿈을 나눴다. 소박한 바람 하나하나가 마음에 작은 불을 밝혀주는 듯했다. 나는 마지막 줄을 적으며 조용히 말했다.

"5년 뒤, 이 종이를 웃으며 꺼내 볼 수 있으면 좋겠어.
오늘, 이 순간이 우리의 삶을 살짝 바꾸는 시작이 되기를."

지친 하루 끝, 우리는 각자의 자리로 돌아갔고, 그 밤 적은 꿈들은 결국 현실이 되었다. 야간대학을 졸업하고, 두 곳의 대학원을 마쳤으며, 고요한 아침 햇살이 드는 집에서 가족과 따뜻한 식사를 나누는 지금, 나는 문득 생각한다. 믿고 바란다는 것. 그저 조용히 마음속에 꿈을 품고, 한 걸음씩 나아가는 것. 그것만으로도 삶은 충분히 달라질 수 있다는 것을 말이다.

2025년 5월의 버킷리스트

그래서 나는 오늘, 다시 마법 볼펜을 들었다. 정말 또 이루어질까? 이 작은 펜 끝에서 또다시 기적이 피어날까? 잠시 망설이다가도, 조용히 마음속에 물어본다.

"그래, 한 번 더 믿어보자."

이번엔 거창한 꿈보다도, 이제껏 살아온 나를 토닥이며, 앞으로의 날들을 조용히 그려보기로 했다. 10년쯤 지나면, 사랑하는 내 아이들도 나처럼 누군가를 만나 가정을 이루겠지. 그리고… 손주, 손녀들이 내 품에 안겨 오겠지?

문득 그 아이들과 뛰어놀 수 있는 정원이 있는 집이 떠올랐다. 작은 텃밭이 있고, 햇살이 가득한 마당이 있고, 2층으로 오르내리는 나무 계단이 있는 그런 집을 갖고 싶다는 생각이 들었다.

손주들이 마당에서 뛰놀고, 우린 함께 바비큐를 구워 먹고, 겨울엔 벽난로 앞에서 고구마를 구워주는 그런 하루를. 지금은 단지 마음속에 그려보는 풍경이지만, 한때 그랬듯 이 마법 같은 볼펜이 또 그 꿈들을 현실로 데려다줄지도 모르잖아? 그러니 오늘도 조용히 써본다.

'내가 사랑하는 가족들과 어쩌면 이 세상에 태어난
손주들과 하이얀 지붕을 가진 이층집에서
보내는 따뜻한 겨울밤'

이루어질까? 그건 모르지. 하지만, 한 줄씩 써 내려가는 이 순간이 벌써 나를 꿈에 한 발짝 더 데려다주고 있는 것만 같다.

그리고…

마법 볼펜에 한 가지 소원을 더 담아보려 한다.

오래전부터 마음속 깊은 곳에 간직해온 바람, 늘 마음 한편에서 나를 자극했던 그 목표 영어를 이제는 내 모국어처럼 자유롭게 말하고, 쓰고, 느끼고 싶다는 꿈이다. 지금, 이 순간 이 마법 볼펜으로 적어 내려가는 이 계획이 또 한 번 나를 변화시키는 여정의 첫걸음일지도 모른다.

나는 알고 있다. 진심을 담아 쓴 꿈은 결국 시간이 지나면 삶의 일부가 된다는 것을, 그러니 오늘 또 하나의 꿈을 마법 볼펜에 담아본다.

"영어, 이젠 나의 언어가 되기를."

NO.32

윤민영

❑ 소개

1. 자담인영힐링 대표
2. 전자책 크몽 입점
3. 브런치 작가
4. 기적의 자연건강법 코칭
5. 자담인영힐링 쇼핑몰 운영
6. 공저『내 삶을 바꾼 책』『내 삶의 산전수전』
   『내 삶의 귀인』『내 삶의 감사일기』베스트셀러 작가

❑ 연락처

1. 블로그: https://blog.naver.com/eiept211
2. 쇼핑몰: https://jd100923.jadamin.kr
3. 유튜브: 건강백세프로젝트 영힐링

내 삶을 다시 꿰어가는 시간
나의 새로운 시작

나는 올해 예순이다.

막 세 번째 스무 살을 시작하려는 순간 누군가 시샘이라도 하듯 그 숫자에 서기도 전, 죽음에 이르는 고통을 맛보았다. 너무나 무섭고도 끔찍한 염증, 5 이하가 정상이라는데 나는 190이었다. 혈당수치는 무려 500.

누군가는 인생의 뒷마무리를 준비하는 시기라 말할지도 모르지만, 나는 지금 내 삶의 새로운 페이지를 펼치는 중이다. 그것도 화려했던 삶 속에서 소박한 삶으로 전환하는 과정에서 얼마 전 큰 고비를 겪었다.

막냇동생을 갑자기 보내고 1년 동안 극심한 스트레스를 받아왔는데 그것이 문제였나보다. 마음이 모든 것을 좌우한다는 큰 교훈도 얻게 되었다. 이에 따라 염증 수치와 당뇨 수치가 급상승했고, 병원을 들락거리며 두 달을 입원과 퇴원을 반복했다. 혼자서는 일어설 수도 없고 혼자서는 아무것도 할 수 없는 나의 몸 상태.

육체보다 마음이 먼저 무너졌고, 나도 모르게 몸은 그에 반응했다. '이대로 끝나는 건 아닐까?' 하는 두려움이 들기도 했고 마음속 깊은 곳에서 외롭고 무력한 감정이 차오르기도 했다.

하지만 나는 190의 수치를 2로 떨어트리며 다시 일어났다. 그 힘은 바로, 지난 7년간 실천해 온 자연 건강법 덕분이었다.

그동안은 그저 내 삶을 조금 더 건강하게 만들고자 실천해 온 길이었지만, 막상 위기의 순간이 닥치자, 이 방법들이 나를 지켜주는 든든한 뿌리가 되어주었다. 또한 나의 몸 상태로 억울함 속상함 괘씸한 마음마저 내려놓으니 차츰차츰 회복되기 시작했다.

그리고 그동안 관계해 왔던 분들의 한결같은 마음과 기도로 나는 새로운 시대를 맞이하게 되었다. 내 몸을 덥히고, 자연의 리듬에 따라 숨을 고르고, 무엇보다 내 마음의 중심을 바라보며 나는 서서히 회복의 길을 걸었다.

이 길을 걸으며 쌓은 작은 습관들과 깨달음들이, 나를 다시 일으켜 세웠다. 자연의 시간에 귀 기울이고, 내 몸의 소리에 정직해졌을 때, 나는 서서히 나를 되찾을 수 있었다. 지금도 완벽하게 다 나은 건 아니다. 하지만 확실한 건, 나는 이전보다 더 건강한 나로 다시 살아가고 있다는 점이다.

이제 나는 단순히 회복을 넘어, 귀중한 경험과 깨달음을 더 많은 사람과 나누고 싶다는 간절한 바람이 생겼다. 그리고 건강을 회복하는 여정 속에 있다. 몸이 회복되니 마음에도 따뜻한 바람이 스며든다.

이젠 단순히 '나만 건강해지고 싶다'라는 욕심을 넘어서, 이 소중한 경험과 깨달음을 다른 이들과 나누고 싶다는 마음이 커졌다.

그래서 나는 버킷리스트를 쓴다.
- ✓ 자연 건강법을 전하는 작은 강의를 열어보기
- ✓ 나의 치유 이야기를 담은 책을 한 권 써보기
- ✓ 건강한 식생활을 직접 체험할 수 있는 소모임을 만들어보기
- ✓ 나와 비슷한 아픔을 가진 이들에게 따뜻한 손을 건네기
- ✓ 아침 햇살 아래 명상으로 하루를 여는 삶을 꾸준히 실천하기
- ✓ 매년 한 번, 나를 위한 자연 속 여행 떠나기
- ✓ '잘 늙는 삶'이 아니라 '잘 사는 삶'을 이어가기

이제 나의 인생은, 다시 시작되는 중이다. 나의 버킷리스트는 어떤 성취의 목록이 아니라, 더 사랑하며 살기 위한 다짐이다.

내가 걷는 이 길이 누군가의 희망이 되기를.
그래서 우리 모두, 조금 더 건강하고 조금 더 행복하게 살기를.

NO.33

최민경

❑ 소개

1. 현업 : 웰니스 토탈 라이프 디자이너
   "당신의 일상에 생기를, 삶에 건강한 변화를"
2. 목적사업 : 하트나비라이프 (Heart Navi Life)
   사명 : 라이프 P.D. [Life Purpose Director]
3. 성결대학원 아로마웰니스산업 석박사통합과정
4. 한국열린사이버대학교 뷰티건강디자인학과 편입 졸업
5. 한국외국어대학교 중국학대학 중국어전공 졸업

❑ 연락처

1. 블로그 : blog.naver.com/minakey
2. 서울시 강남구 테헤란로 322 한신인터밸리24빌딩 1층

목적 진행형~ '버킷리스트'

나에게 '버킷리스트'란?

　보통 '버킷리스트(Bucket List)'라고 하면 죽기 전에 해보고 싶은 거창한 목록이나 하나씩 성취하고 지워나가는 자신만의 소망을 담은 리스트를 떠올린다.

　내게 '버킷리스트'란 인생을 후회 없이 살고 싶은 이런 의미를 담고는 있지만, 약간은 좀 다른 의미로 다가온다.

　첫째, 이것이 하나의 고정된 목록이 아니라는 점이다. 내게 버킷리스트는 한 번의 이벤트성으로 달성하고 지워버리는 목록이 아니라 내 삶의 궤도와 함께, 같이 변화하고 심화하는 과정을 담고 있다.

　둘째, 나는 '지금 여기에서', '내 삶의 목적과 가치를 발견하고 실현해 나가는 살아있는 여정' 속에서 꼭 담아내고 싶은 가치를 담아 의미 있는 버킷리스트를 만들고, 심혈을 기울여 이루어내고, 또 계속 발전시켜 나갈 것이다.

나선형 '터닝포인트'처럼 심화되어가는 '버킷리스트'

　내가 생각하는 나선형으로 심화되어가는 '버킷리스트'란 죽기 전에 끝내야 할 목록이 아니라, 살아가는 동안 나 자신을 더 깊이 이해하고, 삶의 목적을 발견하며, 끊임없이 성장해 가는 것! 세상을 향해 긍정적인 에너지를 퍼뜨리는 '살아있는 여정'이자 '성장 일지'와 같은 의미이다.

제2의 인생, '목적'의 나선형을 그리다
: '목적'이라는 나침반을 들다

[1] 1단계 나선

: 고난을 거쳐 치유와 회복에서 찾은 내면의 목적

이 단계는 나선형의 '중심'인 가장 안쪽 궤도이다. 자신에게 집중하여 내 삶의 단단한 기반인 나만의 알맹이를 만들고 다지는 시간과 훈련이 될 것이다.

1/ 나만의 건강 루틴 만들기

2/ 마음 챙김, 명상 습관 들이기

3/ 건강한 식습관 정착시키기

4/ 나만의 효과적인 운동 개발하기

5/ 회복을 돕는 슬립-테크 개발하기

6/ 분기별 2주씩 테마여행 즐기기

[2] 2단계 나선

: 공감과 연결로 확장되는 목적

이 단계는 자신의 경험을 바탕으로 타인과 연결되고, 서로 공감하는 데 초점을 둔다. 이 단계는 나선형이 바깥으로 조금 더 넓어지는 궤도이며, 나를 넘어 타인과의 관계 속에서 목적의 의미를 확장해 나간다.

7/ 옴니버스 책 시리즈로 쓰기

8/ 바쁘다고 미뤄왔던 블로그 시작하기

9/ 가족, 지인들 소통 채널 만들기

[3] 3단계 나선
: 영향력 있는 변화를 향한 목적 심화

이 단계는 나선형이 더욱 넓고 높은 궤도로 상승하는 모습이며, 목적 실현의 스케일이 커지고 영향력이 깊어진다.

10/ AI관련 전문신문 '리뉴타임즈'에 글 게재하기
11/ 웰니스 클래스 운영하기
12/ '제2의 인생'을 새롭게 계획해보고 싶은 분들을 위한
　 멋진 '하트나비라이프' 힐링 타운 만들기
12/ '아로마테라피' 활용 특별 프로그램 개발하기
13/ '하트나비라이프' 시그니처 프로그램 개발하기
14/ '제2의 인생 플래닝'에 큰 획을 그었다는 평가받기
15/ 내 사명을 담은 '라이프 퍼포즈 디렉터'라는 새로운
　 직업군 만들기

나만의 개성과 강점을 살린 성장하는 '나선형 버킷리스트'

나는 '하트나비라이프'를 하나의 사업이 아닌, 우리 모두의 삶에 생기를 불어넣는 행복한 여정으로 만들고 싶다. 지금 이런 생각으로 계획해 나가는 일련의 과정 자체가 내겐 행복한 여정이다. 내 마음이 갈구하는 목적을 향해 내 강점을 살려 나만의 개성을 담은 향기로 하나씩 이뤄갈 나만의 버킷리스트는 오늘도 나선형으로 행복하게 '진행 중'이다.

NO.34

이정인

❏ 소개

삶의 결을 따라 다정하게 걸어가는 글 작가
흔들리는 마음 위에 글을 쌓으며,
익어가는 마음의 이야기를 기록합니다.

❏ 연락처

engomvt@naver
010-9119-7220

두 번째 인생을 위한, 버킷

멋진 파티와 사람들의 건강한 웃음이 공존하는 삶. 그리고 인생이라는 소풍의 완성을 기쁘게 이루어 내는 삶. 더불어 우리가 인생에서 선물로 받아온 마음의 결을 잘 지켜내며 나에게 주어진 시간을 잘 채워내는 삶. 내가 사랑했던 인생의 소중한 사람과 추억과 잘 이별하는 그런 날을 맞이하기 위하여 오늘도 신나는 꿈을 꾸며 두 번째 인생을 잘 살아내기 위한 버킷을 적어봅니다.

1. 죽기 전까지 20개 나라를 여행하고 여행 에세이 쓰기

다녀온 나라를 세어보니 지난 20년 동안 13개국을 여행했다. 이제는 그 여행에 대한 기록을 내 삶의 글로 남기고 싶다는 마음이 들기 시작했다. 여행은 나를 다시 꿈꾸게 하고 설레게 만드는 매력적인 시간이다.

2. 베스트셀러 작가상 받기

나는 사람의 마음에 관한 글을 쓰는 일을 좋아한다. 사람의 마음에는 결이 있어, 그 깊은 결을 따라 글 여행을 하는 일은 신나고 즐겁다. 더 깊은 글, 더 섬세하게 사람의 마음을 연구하는 글을 통해 마음 사전을 만들어 사람들에게 선물하고 싶다.

3. 80세까지 매월 2,000만 원을 벌며 멋진 삶 살아내기

내게 주어진 생의 길이를 알 수는 없지만, 삶의 품격을 지켜주고 나를 더 행복하게 채워주는 일은 타인에게 맛있는 밥을 사주거나 선

물을 건네는 일일지도 모른다. 나는 나누는 삶을 통해 마음이 커지는 경험을 하고 있다. 더 나누는 삶을 위해 오늘도 열심히 돈을 벌고자 한다.

4. 마음 학교 여학생들과 세계 일주하기

내 마음 학교의 첫 여학생들과 곧 있을 봄 소풍을 준비하면서 가슴이 뛴다. 가을엔 혜정 언니 회갑 기념으로 수학여행을 계획 중인데, *"우리 열심히 살다가 언젠가 세계여행 갑시다!"* 했더니 여학생들의 환호가 엄청났다. 그래, 꿈의 길이를 이렇게 늘여가는 것이지. 나는 '꿈은 이루어진다'는 진리를 믿는다.

5. 언니와 제주도 여행하기

나를 인천으로 이사하게 만든 언니가 멀리 완도로 이사하면서 자주 만날 수 없게 되었다. 그 무상한 세월 속에 언니는 중한 수술을 받았고, 지금은 조금씩 회복되고 있다. 너무나 감사한 일이다. 2026년 봄, 언니와 함께 제주 올레길을 걸으며 엄마의 추억을 함께 나누고 싶다

6. 55kg의 몸을 만들어 건강한 중년을 살기

책상에 *"나, 이정인은 건강한 몸을 만들기 위해 다이어트를 해서 55kg을 만든다"*라고 적어두었다. 딸이 유쾌하게 웃으며 *"엄마가 55kg을 만든다고? 엄마가 55kg이었던 기억이 나지 않지만, 엄마의 꿈을 응원할게."*라며 엄마의 꿈이 이루어지면 멋진 옷을 사주겠다고 약속했다. 하나씩 해내는 행복한 경험을 만들어가고 싶다.

7. 선한 이웃 100명 만들기

나는 파티를 좋아한다. 2018년 8월 31일, 리더십 단체의 사무총

장으로 있으면서 '한여름 밤의 꿈'이라는 파티를 월곶 공원에서 열었다. 100명이 넘는 크리스토퍼 동문과 가면을 쓰고 왈츠를 추며 와인을 나눴던 그날은 지금도 멋진 추억으로 남아 있다. 나는 선한 이웃 100명과 삶을 나누며, 파티와 즐거운 시간을 가득 채워가고 싶다.

8. 마음 박물관 만들기

우리 마음 안에는 참으로 오묘함이 있어서, 우리가 마음을 알려고 하면 할수록 친절하게 알려주는 기능이 있다. 나는 사람의 마음에 많은 관심과 흥미가 있고 마음이라는 감각 기관을 통해 마음이 행복한 삶을 살 수 있는 비결을 알아내고 있다.

사람의 마음을 알고 싶어서 마음공부를 시작했는데 어느덧 마음공부 6년이 되었다. 사람의 마음을 알기 위해 가장 먼저 해야 할 일은 '내 마음 알아내기'다. 내가 나를 알아야 타인의 마음으로 옮겨갈 수 있고, 나를 자세히 알면 알수록 사람의 마음에 대한 이해의 폭도 확장된다.

마음은 보이지 않지만, 모든 삶의 방향을 결정짓는 나침반이다. 조용히 들여다볼수록, 마음은 스스로 길을 밝혀준다. 그래서 나는 '마음박물관'을 만들고 싶다. 마음박물관은 각자의 마음을 들여다보고 이해할 수 있는 치유와 성찰의 공간으로 만들어 그곳에는 슬픔도 기쁨도, 상처도 회복도 전시되어 서로의 마음을 공감하게 만드는 곳으로 가꾸어 나갈 것이다.

보이지 않는 마음의 결을 모아, 함께 나누고 회복하는 따뜻한 쉼터가 되기를 기원하며…

NO.35

한지연

❏ 소개

이름은 한지연, 네 아이의 엄마다.
'다복퀸'이라는 별명처럼 사랑과 일상, 꿈과 도전이 가득한 삶을 살아가고 있다. 오랜 시간 아이들을 가르쳐왔고, 배우는 것을 멈추지 않으며 글을 쓰고 있다.
내 안에 오래도록 담아두었던 꿈들을 꺼내어 처음으로 정리해 보는 시간이 되었다. 누군가에게는 사소해 보일지도 모르지만 나에게는 그 어떤 보석보다 반짝이는 소망들.
그 소중한 목록, 나의 버킷리스트를 함께 나누고 싶다.

❏ 연락처

메일: babi2013@naver.com

백조처럼 날아오를 나, 작지만 확실한 꿈

내 안에 숨겨둔 작은 목록, 버킷리스트. '어쩐지 들키면 안 될 비밀처럼, 혼자만 간직하고 싶은 소중한 꿈. 마치 오래된 일기장 속에 조용히 잠들어 있다가, 어느 날 문득 고개를 내미는 또 다른 나. 머릿속을 가득 채운 크고 작은 바람들. 시간이 아무리 흘러도 마음 한편에 여전히 남아 있는 꿈들이 있다. 그 소망들을 하나하나 꺼내어 바라보는 일이, 나에게 꽤 설레는 일이다.

처음엔 그저 내가 원하는 것을 적는 게 버킷리스트라고 생각했다. 내가 바라는 것들, 하고 싶은 일, 가고 싶은 곳, 갖고 싶은 것들. 마음을 찬찬히 들여다보니, 그 모든 소망의 중심에는 하나의 진심이 있다. 바로 사랑하는 사람들과 평범한 일상을 오래도록 함께하고 싶은 마음이다.

✔ 일 년에 두 번, 아이들과 함께 해외여행 가기

나는 여행을 좋아한다. 자주 가지는 못하지만, '여행'이라는 단어가 주는 설렘 자체가 좋다. 낯선 공기, 뛰어노는 아이들의 웃음소리, 두 눈 가득 담기는 새로운 풍경은 나를 다시 살아가게 한다. 그래서 내 버킷리스트엔 늘 '여행'이 자리한다.

정신없이 지나간 30대. 네 명의 아이를 낳고 기르며 하루하루를 살아냈다. 아이들이 어릴 땐 여행이 그저 마음뿐이었다. 현실은 빠

듯했고, 시간은 기다려주지 않았다. 나의 30대는 흘러갔고, 아이들은 어느새 훌쩍 자랐다. 더 늦기 전에, 아이들과 더 많은 시간을 보내고 싶다. 함께 여행하고, 추억을 쌓고, 웃고 떠드는 순간들을 오래도록 기억하고 싶다. 여행을 다녀와 사진을 보며 이야기를 나눌 때, 아이들의 표정엔 생기가 돌고 눈이 반짝인다. 그 순간만큼은 세상에서 가장 행복하다.

바다에서 고래와 수영하고, 밤하늘을 수놓는 오로라를 바라보며 감탄하고, 야생 동물을 직접 보는 특별한 순간을 함께 나누고 싶다. 가격표 따위 신경 쓰지 않고 마음껏 먹고, 웃고, 경험하고 싶다.

✓ 오래도록 건강하고 활기찬 엄마로 살기

아이들의 소소한 하루를 함께 웃고 울며 곁에서 지켜보는 삶. 그게 내가 가장 간절히 바라는 삶의 모습이다.

✓ 책 열 권을 출간하는 작가 되기

그중 한 권쯤은 누군가의 마음에 오래 남는, 따뜻한 문장으로 기억되길 바란다. '유 퀴즈 온 더 블록'에 출연해 나의 이야기를 나누고 싶다. 20대에 출연했던 '우리말 겨루기'에 다시 나가 우리말 달인이 되는 순간도 상상해 본다.

✓ 첫사랑 남편에게 BMW를 선물하고 싶다.

연애 시절부터 가슴속에 간직해 온 꿈도 있다. 농담처럼 얘기했지만, 잊은 적 없는 소망이다. 그가 웃는 모습을 떠올리기만 해도 마음이 뭉클해진다.

✓ 부모님의 편안한 노후 제공

부모임을 걱정 없이 지내고 건강을 챙기며 여생을 살아갈 수 있도록 해드리고 싶다.

✓ '다복퀸' 이라는 별명이 어울리는 사람 되기

'한지연'이라는 이름이 부끄럽지 않은 삶을 살 것이다. 시간이 흘러도 감수성과 뜨뜻한 마음을 간직한 사람으로 남고 싶다.

✓ 자연스럽게 영어로 대화하는 나, 어릴 적 그만둔 피아노를 다시 배우는 나, 그런 소박한 꿈들도 여전히 마음속에 자리하고 있다.

이렇게 작은 바람들이 모여, 내 삶을 더 따뜻하게, 더 단단하게 만든다. 이 모든 꿈이 이루어질지 알 수는 없다. 어떤 꿈은 늦게 이루어지고, 어떤 꿈은 전혀 다른 모습으로 다가올 수도 있다. 그렇지만 괜찮다. 지금, 이 순간 그 꿈을 품고 살아간다는 사실만으로도 나는 충분히 행복하니까.

내가 바라는 삶은 거창하지 않다. 사랑하는 사람들과 웃으며 보내는 따뜻한 시간. 그 소중한 순간들을 잊지 않고, 오래오래 간직하며 살아가는 삶. 그게 바로, 내가 진짜 원하는 버킷리스트다.

이 글을 쓰며 내 마음속에 고이 접어두었던 소망들을 다시 꺼내어 펼쳐보았다. 지금 내가 어떤 삶을 살고 싶은지를 스스로에게 묻고, 그 답을 따라 걸어가는 일. 그것이 나에게 버킷리스트의 의미다.

그리고 이 여정을 함께 나누는 지금, 나는 그 어느 때보다 삶을 사랑하고 희망이 가득하다.

NO.36

최마리

□ 소개

1. 연세대학교 보건대학원 국제보건 전공 연구교수
2. 아프리카 아시아 희망연대 대표
3. 미래의료인문사회학회 부회장
4. 국제보건의료학회 이사
5. 한국의료법학회 이사
6. 아시아태평양공중보건학회 한국사무소 사무총장
(전)건강보험연구원 연구센터장, 한국보건복지인재원 교수

□ 연락처

1. 블로그: https://blog.naver.com/rabbitchoi63
   로고아트워크, 희망지킴이 최영순 마리
2. 밴드: 아프리카 아시아 희망연대

아름답고 존엄한 마지막 소망

 이순을 넘어선 내겐 두 가지 간절한 소망이 있다. 그 하나는 세상의 아픔을 어루만지는 것, 다른 하나는 삶의 마지막 순간까지 존엄성을 잃지 않는 것이다.

 오랜 시간 보건의료, 복지, 교육 전문가들이 감정노동의 무게에 짓눌려 힘들어하는 모습을 지켜보았다. 이들의 헌신적인 노력 뒤에 숨겨진 깊은 고뇌와 소진을 바라보면서, 이들에게 진정으로 필요한 것은 단순한 기술적인 조언이나 일시적인 위로가 아니라는 것을 깨닫게 되었다.

 인간 존재의 근원적인 의미를 탐색하고 스스로 감정노동 문제를 극복할 수 있는 내면을 성장하도록 지원하는 것이 필요했다. 해서 실존주의 철학이라는 깊고 단단한 토대 위에서 '로고아트워크' 이론을 구축했다. 자기 감정을 따라가며 표현하며 삶의 의미를 발견하고, 감정노동으로 지친 마음을 치유하고 회복할 수 있도록 돕는 교육과정을 개발 운영하는 것이 내 첫 번째 소망이다.

 이 이론을 기반으로 교육과정을 개발하고 운영하여 우리나라를 넘어 아프리카 55개국의 전문직 종사자들이 자신의 감정을 건강하게 관리하고, 더욱 의미 있는 삶을 살아갈 수 있도록 돕고 싶다.

이 과정에서 각 나라에 단 한 명이라도 좋다. 내 뜻과 이론을 이해하고 함께할 제자를 키우는 것 또한 간절한 바람이다. 그들을 통해 '로고아트워크'의 씨앗이 전 세계로 퍼져나가, 더 많은 이들이 건강하게 직무를 수행할 수 있다면 더 이상 바랄 것이 없겠다.

또 다른 소망은 삶의 마지막에 관한 것이다. 언젠가 늙고 병들어 더 이상 회복하기 어려울 때, 연명의료에 의존하고 싶지 않다. 오래전 「호스피스 완화의료 및 임종 과정에 있는 환자의 연명의료 결정에 관한 법률」 제정에 기여했고, 사전연명의료 의향서를 작성했다. 의미 있는 삶에 대한 애착은 누구보다 강하지만, 존엄성을 잃고 고통스럽게 생명을 연장하는 것은 진정으로 원하는 마지막 모습이 아니다.

내 삶을 스스로 선택하고 결정하며 현재에 이르고 있듯이, 마지막 순간 또한 인간으로서 존엄성과 아름다움을 잃지 않고 자연스럽게 맞이하고 싶다. 사랑하는 이들과 작별 인사를 나누고, 삶의 의미를 되새기며 평온하게 눈을 감는 것, 그것이 내가 꿈꾸는 마지막 모습이다.

어쩌면 이 두 가지 소망은 서로 다른 방향을 향하는 것처럼 보일 수도 있다. 하지만 내 안에서는 하나의 간절한 열망으로 연결된다.

그것은 바로 '인간으로서 어떻게 의미 있고 존엄한 삶을 영위할 것인가'에 대한 깊은 고민이다.

삶에서 고통받는 이들에게 희망을 주고, 삶의 마지막 순간에는 스스로 존엄을 지키는 것, 이것이 바로 세상에 남기고 싶은 발자취이다.

NO.37

한민정

❏ 소개
1. 쥬드발레하우스 무용학원 원장
2. 세종특별자치시교육협회 회장
3. 세종특별자치시사회복지협의회 이사

❏ 연락처
네이버 검색: 쥬드발레하우스 무용학원

앞으로 만들어갈 내 인생

 살아가면서 꼭 해보고 싶은 일들에 대해서 다들 한 번쯤은 말하곤 한다. 가고 싶은 곳이 있고, 해보고 싶은 일들은 왜 이리들 많은지 들으면서 놀랍고 생각지 못한 내용들에서 한 번 더 놀라고 했다. 주변에서 악기를 배우면 나도 한 번쯤은 배우고 싶은 생각이 들었고, 누군가 꽃꽂이를 하면 같이 하고 싶었다. 그런데 곰곰이 생각해 보면 하고 싶은 일이 아니라 한 번쯤 경험하고 싶었던 것이지 사는 동안 반드시 하고 싶은 나만의 버킷리스트는 아니었다. 그냥 남들이 이런저런 것들을 한다고 하니 호기심이 들었던 것이다.

 나만의 리스트를 만들고 싶어서 연필을 들고 종이에 1부터 10까지 썼다. 놀랍게도 난 딱 한 개만 쓰고 나머지는 도저히 채워나갈 것이 없었다. 진정 원하는 것은 단 하나였고 나머지는 나의 막연한 바람들이며 대부분은 구체화해 있지 않은 생각들뿐이었다.
 이런 상황을 맞이하고 나니 반성이 해일처럼 밀려 들어왔다. 난 내가 하고 싶은 일들이 아주 많을 줄 알았는데 내 속을 들여다보니 흐릿한 목표와 바람들이 대부분이란 생각을 놓을 수가 없었다. 기둥이 없는 집처럼, 목차가 없는 책처럼 느껴졌다.
 "*나를 사랑하는 일은 생각보다 힘들고 어려워요*"라는 성인 발레반 회원의 말이 노랫말처럼 머릿속에서 계속 맴돌았다. 오직 나만을 위해, 나를 좀 더 사랑하기 위한 일들에 나 자신에게 성의가 없었다는 반성이 들었다. '지금이라도 늦지 않았다. 앞으로 살면서 하나씩 채우면 되지'라는 마음으로 다시 연필을 들었다.

'내 인생의 목표를 위한 리스트'와 '나만을 위한 소소한 리스트'로 나누어 적었다. 전자는 평생을 살면서 이루고 싶은 내 인생의 목표 그 자체이고, 후자는 마음만 먹으면 해낼 수 있는 소소한 목표로 써 내려가려 한다. 거창하지 않고 한 번쯤 경험으로 그친다 해도 해보고 싶은 일들을 적어내려 한다. 그러면 만족감과 함께 성취감까지 얻을 수 있을 것이라 기대된다. 아직 각각 한 개만의 리스트가 담겨있지만 앞으로 살아가면서 10개는 넘어서는 리스트가 되어 나를 좀 더 많이 사랑하는 방법이 나타날 것이라 희망해 본다.

✓ 내 인생의 목표를 위한 리스트
⇨ 한 달에 한 번 혼자 국내 여행 가기

외국보다는 국내 여행을 꼼꼼하게 가보고 싶은 욕심으로 세운 이 목표는 2년 전에 시도해 보았다가 현재는 바쁘다는 핑계로 멈춰있는 목표이다. 4개월가량 한 달에 한 번씩 다녀왔는데 낯선 곳에 혼자 간다는 용기와 일정을 쪼개어 시간을 내야 하는 노력이 필요했었다. 새로운 곳을 찾아 여행을 다녀오는 것도 쉽지 않았지만, 다녀온 이후에는 머릿속이 힐링 되는 기분이 참 좋았다. 바쁜 일정으로 인하여 지금은 다니지 못하는 것이 아쉽지만 다시 도전해 보고 싶은 나의 첫 번째 리스트이다.

✓ **나만을 위한 소소한 리스트**
⇨ 아주 작은 정원 만들기

　학원에 볕이 잘 드는 자리에 화분을 가져다 두었더니 나날이 무성하게 자란 모습을 보며 이유 없는 뿌듯함이 느껴졌다. 학생들도 신기해하고 재미있어하는 모습에 점점 욕심이 나서 최근에는 먹을 수 있는 식물도 도전하기 시작했다.

　제대로 된 버킷리스트가 없다는 속상한 마음을 뒤로 넘기고 나니 앞으로 만들어갈 나의 목표와 바람들에 대해서 기대감이 자라기 시작했다. 살아가면서 만들어갈 나의 버킷리스트에는 나를 좀 더 많이 사랑할 수 있는 리스트가 가득하길 희망해 본다.

NO.38

김종호

❏ 소개

1. BMCT 홈닥터(뇌인지 / 마음 / 언어 상호작용 지도사)
2. 웰다잉 전문강사, 사전연명의료의향서 상담사
3. 생명존중·생명나눔 전문강사
4. 전직 군인(해병대 34년 복무)
5. 인성·상담·리더십·임무지휘 교관
6. 양성평등 전문강사
7. 전문상담사, 군상담 슈퍼바이저
8. 닉네임 : 떡보

❏ 연락처

010-8571-0063

'양동이를 차기'(Kick the Bucket) 전
꼭 하고 싶은 일

　내 삶의 일부로 죽음을 이해하게 된 것은 그리 먼 시간에 있지 않다. 그전에는 삶과 죽음은 별개의 것으로 이해했기 때문이다. 과거 어느 날 죽음의 두려움이 엄습했던 경험이 있다. 그땐 왜 그랬는지 잘 모르겠다. 그냥 밤에 잠잘 무렵 불현듯 '내가 죽으면 어떻게 하나?' 하는 막연한 두려움 때문에 며칠 동안 밤잠을 설친 적이 있다.
　내가 죽어버리면 아무것도 남아있지 않는다는 공허함이 두려움으로 발전된 것이라 생각한다. 그 두려움은 한동안 수면 아래 있다가 최근 웰다잉 공부하면서 점차 그런 생각들을 사후세계에 대한 믿음 덕분에 극복할 수 있었다고 생각한다. 그리고 '죽는다는 사실'은 없어지는 것이 아니라 다른 곳으로 옮겨간다고 생각하고, 그리운 어머니를 만날 수 있다는 설렘에 안착하고 나니 지금은 많이 편안해진 상태다.

　아래 그림 만다라트(Mandal-Art)는 내가 죽기 전에 하고 싶은 일들을 그림으로 표현한 것이다.

수면	뇌 건강	정신건강	파크골프	두뇌· 손 운동	걷기	BMCT 홈닥터	뇌인지	정신신경 면역력
관절	몸	허리	플랭크 근력	운동	치매예방 (인지중)	뇌기반 감정코칭	마음	양자역학
신경과 혈관	후두	호흡명상	요가 소마틱스	스트레칭	기억력	독서	글쓰기 내면소통	화가 남을 알아차림
과일	목관리	혈당	몸	운동	마음	생명존중	생명나눔	환경친화
자연식 단백질	음식	주부활동 채소요리	음식	나의삶 = 놀·앎·맑	관심	웰다잉 아보하	관심	커뮤니티 케어
전통식	외식	해산물	경제	가족	관계	버킷 리스트	웰라이프	사회복지
수제 요거트	맛집	장수배당	재정 자립도	독립성	건강	회복 탄력성	봉사	템플 스테이
강의봉사 1,000원 행복	경제	가사노동 세상살이	놀이	가족	유언장	감사	관계	생물 무생물
무재칠시 기부	호스피스 완화봉사	주4일제	연명의료 결정제도	연결성	인체조직 기증	용서 화해	칭찬	자연의 섭리

■ 나의 인생철학 삶=놂·앎·맑

사람들이 죽으면서 가장 많이 하는 후회 3가지는 '좀 더 웃을걸, 좀 더 참을걸, 좀 더 베풀걸'이라고 한다. 죽는다는 사실에 변함이 없기에 가장 잘 산 삶은 후회를 최소화하는 것이라 생각한다. 그래서 삶에 대한 진지한 고민 끝에 만들어 본 내 인생철학은 '삶이란 놀이이고, 알아가는 과정이고, 언젠가 하나씩 멈출 줄 알아야 한다'는 결론에 이르렀다.

나에겐 이것이 가장 의미 있는 삶이다. 시나브로 '잘 웃고 나누며 복을 짓고 살자'는 생활 모토로 실천하고 있지만 그 수준은 미미하다. 느리지만 쉬지 않고 그렇게 움직일 것이다.

■ 나에게 남은 시간과 하고 싶은 일

우리나라 사람들의 평균수명이 약 83.5세라고 한다. 이 수준에 나를 적용해 보면 약 20년의 세월이 남은 셈이다. 살아있는 그날까지 후회를 최소화하면서 아주 보통의 하루(아보하)를 즐기고 싶다. 그리고 글쓰기를 통해 나를 다듬고 싶다. 현재 진행하고 있는 [옴니버스 인생 책 쓰기 프로젝트]로 매년 12권의 책을 쓰게 되면 고희(古稀) 어간에 100권 작가가 되면서 『감정 형용사로 써 내려간 자서전』 책을 마무리할 수 있을 것이다.

마지막으로 무재칠시(無財七施)를 시나브로 생활 실천하고 싶다. ① 화안시(和顔施) : 밝은 미소 ② 언시(言施) : 부드러운 말 ③ 심시(心施) : 따뜻한 마음 ④ 안시(眼施) : 편안한 눈빛 ⑤ 신시(身施) : 몸으로 베푸는 것 ⑥ 좌시(座施) : 자리를 양보하는 것 ⑦ 찰시(察施) : 상대의 속을 헤아려 도와주는 것 등이다.

내가 건강해야 나의 삶을 돌볼 수 있고, 남을 도울 수 있다. 그러다가 어느 날 보리밭에서 일하다가 자연스레 내 영혼이 어머니가 있는 곳으로 옮겨갔으면 좋겠다.

"아 ~"
"몸아, 고맙다. 마음아, 고맙다. 세상의 모든 것들 다 고맙다."
"참 고맙다."

NO.39

이형은

☐ 소개

1. 강남대 도서관학과 졸업
2. 한국열린사이버대 뷰티건강디자인학과 졸업
3. 사서 자격증, 북큐레이터, 독서 지도사
4. 책쓰기 지도사, 출판 작가 마스터
5. 미용사 면허증, 운동 처방사

☐ 연락처

1. 이메일: lhe1239@naver.com
2. 블로그: https://blog.naver.com/lhe1239

버킷리스트의 퀘렌시아

영화〈버킷리스트〉는 2008년 제작된 영화로 감독은 롭 라이너, 주인공은 잭 니콜슨(에드워드)과 모건 프리먼이다. 자동차 정비공 카터(모건 프리먼)는 대학 신입생 시절, 철학 교수가 과제로 내주었던 버킷리스트를 떠올린다.

하지만 46년이 지난 지금, 죽기 전에 꼭 하고 싶은 일들을 적는 버킷리스트는 쓸쓸한 추억에 불과하다. 반면 재벌 사업가 에드워드(잭 니콜슨)는 그런 리스트 따위에는 관심이 없다.

그러던 중 두 사람은 우연히 같은 병실에 입원한다. 너무나 다른 두 남자는 서로에게 중요한 공통점이 있다는 사실을 깨닫게 된다.

바로 '나는 누구인가'를 정리할 필요가 있다는 것과 얼마 남지 않은 시간 동안 '하고 싶은 일'을 해야겠다는 것이었다. 의기투합한 두 사람은 버킷리스트를 실행하기 위해 병원을 뛰쳐나가 여행길에 오른다.

세렝게티에서 사냥하기, 문신하기, 카레이싱, 스카이다이빙, 눈물 날 때까지 웃어 보기, 화장한 재를 깡통에 담아 멋진 곳에 놓아두기, 리스트를 차례차례 지워나가면서 두 사람은 삶의 참된 의미를 깨닫게 된다. 이 영화는 죽음을 준비하는 영화가 아니라, 진짜 삶을 살아내는 영화이며, 진정한 꿈을 일깨워 주는 영화이며, 죽기 전에 꼭 이뤄야 할 자신과의 약속이며, 내 영혼의 퀘렌시아(안식처, 위안)를 찾게 도움을 주었다.

다음이 내 삶의 버킷리스트다.

✓ 첫 번째 네이버 커넥트(연결, 접속) 도전하기
블로거가 직접 상품 판매 또는 홍보 협업 가능한 비즈 플랫폼으로서, 네이버 찐 수익화 파이프라인 네이버 커넥트 런칭(공개, 출시)이 임박했으며, 2025년 7월부터 접수가 시작될 예정이며, 신청 자격 조건은 이웃 수는 1,000명 이상이며, 일일 방문자 수는 300명 이상 블로거 일 때 가능하다고 한 예상 정보가 있어 도전하기로 했다.

[내용 소개]
-최근 네이버는 콘텐츠의 질과 사용자와의 소통을 중요시하는 방향으로 알고리즘을 개선하고 있어 주목받고 있다.
- 일상과 경험을 공유하는 블로거(감사일기, 책 쓰기, 건강한 취미)
-전문성과 진정성을 갖춘 콘텐츠 제공자(자신의 경험을 바탕으로 한 정보 공유)
-이웃과의 활발한 소통을 하는 블로거(댓글, 공감, 이웃추가 등을 통한 상호작용)
이는 2017년 이후 8년 만에 찾아온 블로그 생태계의 변화로, 진정성 있는 블로거들에게는 큰 호재로 작용하고 있다.

✓ 두 번째 건강과 마음 관리에 도전하기

스티브 잡스가 수술대에 올라서야 깨달았던 것은 "*그동안 반드시 읽어야만 할 책이었음에도 불구하고 자신이 읽지 않은 책 한 권이 있었는데 그 책의 제목은 〈건강한 삶〉이다*'라고 했다.

그래서 건강을 위해서는 먹는 것과 운동보다도 마음 관리에 중점을 두어 음식과 운동 :50%, 마음 관리: 50%의 비중을 두는 것이 좋다고 하여 아침마다 운동과 명상을 한다.

"마음이 산란하면 병이 생기고, 마음이 안정되면 있던 병도 저절로 좋아진다."-허준『동의보감』

✓ 셋째 파크골프에 도전하기

파크골프에 많은 관심이 있어 〈파크골프 지도자 자격증〉을 취득하였고, 앞으로, 〈파크골프 심판 자격증〉을 취득하기로 했다. 파크골프를 통해 유산소운동과 근력 및 유연성 강화가 되며, 인지 기능과 뇌 건강 및 정신 건강에 많은 도움이 되고 있다.

얼마나 가슴 뛰는 삶인가 어제와 다른 오늘, 오늘과 다른 내일이 있다는 희망만으로도 삶은 충분히 아름답고 살 만하지 않은가! 뭔가를 시작하기에 늦은 때란 없다.

버킷리스트의 퀘렌시아여!!

NO.40

고서현

❏ 소개

1. 보건학 박사 수료(통합대체의학)
2. 사)한국대체의학심리상담학회 재무이사
3. 의정부 교육지원청 학생상담자원봉사자회 회장
4. 의정부교육지원청 학부모 생태동아리 부대표
5. 경기도 관내 환경 강사 활동 (유.초.중.고)
6. 환경교육사,자연환경해설사,평생교육사,사회복지사,보육교사, 숲길등산지도사,유아숲지도사,한식,양식,중식,복어자격증 응급처치강사
7. 닉네임: 에너자이저

❏ 연락처

1. 전화: 010-2646-7172
2. 이메일: koseohyun73@gmail.com

행복해지는 순간

1. 맛있는 도전, 1,000가지 음식 재료를 만나다

내게 음식이란 단순한 한 끼의 식사가 아니다. 재료를 손끝으로 느끼고, 향을 맡으며, 그 속에 담긴 이야기를 발견하는 과정이다. 문득 이런 생각이 들었다. 내가 얼마나 많은 식재료를 알고 있을까? 김치와 된장, 표고버섯과 미역처럼 익숙한 재료들부터 처음 들어보는 희귀한 재료들까지, 미처 경험하지 못한 세계가 얼마나 넓을까?

그래서 나는 1,000가지 음식 재료를 먹어보기라는 목표를 세웠다. 그냥 단순한 탐험이 아니다. 내 몸과 마음이 온전히 맛을 느끼고, 음식 속에서 새로운 발견을 해 나가는 여정이다.

아이들을 키우다 보니 더욱 먹거리에 신경 쓰게 되었다. 건강한 식재료를 선택하고, 가공되지 않은 자연 그대로의 맛을 찾아가는 과정이 중요해졌다. 인스턴트보다 천연 그대로의 식재료들, 향이 강하지 않으면서 깊은 맛을 품고 있는 것들. 그래서 나는 각 지역의 특산물을 하나씩 탐험해 보기로 했다.

✓ **한국의 맛을 탐험하는 여행**

한국에는 지역마다 고유한 식재료들이 있다. 제주도의 흑돼지, 강원도의 오징어, 전라도의 광주 김치, 경상도의 조기, 충청도의 밤. 단순히 먹는 것이 아니라, 그 지역의 기후와 문화가 담긴 재료들을 직접 경험하는 것이 목표다. 그리고 계절마다 다른 선물을 주는 자연의 식재료들. 봄에는 산나물, 여름에는 싱그러운 과일, 가을에는 고소한 견과류, 겨울에는 깊은 맛을 가진 뿌리채소들. 한식에서 빠질 수 없는 발효 음식. 된장, 고추장, 청국장처럼 시간이 빚어낸 깊은 풍미를 하나씩 알아가면서, 전통적인 재료들의 가치를 다시금 깨닫고 싶다.

✓ 맛을 찾는 즐거움

이 목표를 이루면서 또 하나 기대되는 것이 있다. 음식 재료를 탐험하는 과정에서 생기는 작은 여행들. 새로운 시장을 찾아 떠나고, 미처 가보지 못한 지역의 맛을 경험하는 것. 그곳에서 만나는 사람들, 재료를 통해 알게 되는 이야기들. 1,000가지 식재료를 다 만나게 된다면, 나는 어떤 변화를 겪게 될까? 그날이 오면 내 손끝으로 기억하는 맛이 더 넓어지고, 음식 속에서 더 많은 감동을 느낄 수 있을 것 같다. 그리고 그 모든 경험이 쌓여 나만의 작은 맛의 도감이 될 것이다.

2. 나도 작가! 그림책 출간하기

어릴 때 나는 그림책을 펼칠 때마다 마법에 걸린 듯했다. 조그마한 손으로 책장을 넘기면 세상이 확 달라졌고, 그림 속 친구들이 나를 위로해 주었다. 그때 나는 처음으로 깨달았다. 그림책 한 권이 얼마나 따뜻한 힘을 가질 수 있는지.

이제 나는 그 마법을 나만의 방식으로 만들어보고 싶다. 아이들이 스스로를 사랑할 수 있도록 돕는 책, 그들의 마음에 다정한 목소리를 들려줄 수 있는 이야기. 단순하면서도 강렬한 메시지를 담아 아이들이 자신을 있는 그대로 바라볼 수 있도록 하는 그림책을. 주인공은 아주 귀엽지만 삐삐처럼 개성이 강한 친구여야 한다. 평범한 것보다는 조금 튀어도 괜찮다. 알록달록한 양말을 신고, 커다란 리본을 매고, 세상에서 가장 멋진 모자를 쓰고 다니는 아이. 남들과 조금 다르지만, 그래서 더욱 특별한 존재.

그림 스타일은 따뜻한 수채화로 표현하고 싶다. 색을 입히는 과정이 마치 아이들의 마음을 어루만지는 것처럼 느껴질 수 있도록. 밝은 노란색과 포근한 파스텔 톤이 가득한 장면들, 아이들이 책장을 넘길 때마다 마치 포근한 담요를 덮은 것처럼 따뜻한 느낌이 들게 하고 싶다.

책의 길이는 너무 길지 않아야 한다. 한 페이지 한 페이지가 아이들의 마음에 작은 씨앗을 심는 과정이어야 한다. 자신의 모습을 사랑하게 만드는 짧은 문장과 그 감정을 그대로 담은 그림들. 아이들이 책을 읽고 마지막에 자기 얼굴을 볼 수 있도록 해서, 책을 읽는 순간이 스스로를 인정하는 순간이 될 수 있도록.

이것이 나의 버킷리스트다. 단순하지만 의미 있는 이야기, 따뜻한 그림과 함께 아이들의 마음을 편안하게 감싸줄 책을 만드는 것. 이 꿈을 이루는 날, 세상 어딘가에서 한 아이가 내 그림책을 품에 안고 미소를 짓고 있다면, 그걸로 충분하다.

그림책을 만드는 여정은 쉽지 않을 것이다. 그러나 한 페이지씩 채워가며, 한 줄씩 써 내려가며, 나는 내 꿈을 조금씩 현실로 만들어 갈 것이다. 아이들에게 따뜻한 이야기를 전하기 위해서는, 나 자신도 나를 사랑할 줄 알아야 한다는 사실을.

그 꿈을 향해, 나는 한 걸음씩 나아간다.

Today is a gift

V.

41. 김혜경
Today is a gift

42. 김미경
일곱 빛깔 무지개색 나의 버킷리스트

43. 김언희
내 삶을 뒤돌아보면서

44. 오순덕
나의 소명과 나의 꿈을 함께 이루리라

45. 권수일
후회 없는 삶의 시작은 도전이다

46. 우정희
진짜 나를 찾는 버킷리스트

47. 박정순
반드시 이루어질 10가지 꿈

48. 김미례
다시(茶時), 봄날

49. 양혜진
하나님의 부르심에 따라

50. 박성희
남을 행복하게 만들었을 때 더 행복하다

NO.41

김혜경

❏ 소개
1. 공간 지음 대표
2. 행복 책방 대표
3. 공간과 삶, 행복일상 웰라이프 디자이너
4. 전자책 출판 지도, 강사, 작가

❏ 연락처
jungrimom@naver.com

Today is a gift

"Yesterday is history,
tomorrow is a mystery,
but today is a gift.
That is why it is called the present."

어제는 역사, 내일은 미스터리, 오늘은 선물이라는 영화 쿵푸팬더에 나오는 명대사다. 쿵푸팬더는 지금도 내가 가장 좋아하는 영화 중의 하나이다.

매일 아침 눈을 뜨며 맞이했던 내 삶의 '오늘'들이 쌓이고 쌓여 '어제'라는 이름의 역사가 되었다. 나의 '어제' 속에는 내가 느꼈던 기쁨, 슬픔, 행복, 사랑, 이별, 결혼 등 여러 경험들이 고스란히 담겨있다. 우리 모두에게는 각자 삶의 '어제'가 있다.

자신만의 빛깔과 향기로 빚은 '어제'이기에 단 한 권도 같은 이야기가 없다. 내 삶의 주인공은 나다. 어떤 모습으로 살았든지 살아온 삶의 흔적이 있고, 그 삶의 흔적이 오늘의 나를 만들었다.
'지금, 이 순간 살아가는 오늘이 미래의 나를 만들겠지...'
언젠가 맞이할 인생의 마지막 여정이 오기 전에 한 번뿐인 오늘을 소중하게 살기 위한 나만의 버킷리스트를 남겨본다.

1. 사랑의 언어로 오늘을 살기

 "고맙습니다. 사랑합니다. 감사합니다." 들으면 들을수록 마음 따뜻해지는 소중한 말들이다. 오십이 넘으니, 얼굴이 예뻐도 좋고, 마음씨가 예뻐도 좋은데 말씨가 예쁜 것이 더 사람을 빛나게 하는 것 같다. 좋은 말, 사랑이 담긴 말을 매일 하면서 살고 싶다.

2. 삶을 노래하는 시인되기

 반달, 윤동주의 별 헤는 밤, 김춘수의 꽃, 나는 시가 좋다. 정형화되어 있지 않은 편안하게 말하듯이 쓴 시가 좋다. 내 일상을 담은 시집 한 권을 내고 싶다.

3. 애창곡 10곡 이상 만들기

 어느 순간엔가 아는 노래가 거의 없는 나이가 되었다. 가족들과 만나서 30년째 부르는 곡이 3곡뿐이다. '무인도', '줄리아', '바램'이다. 그나마 요즘 두 곡 더 알게 되었다. '천 개의 바람', '나는 반딧불'. 삶과 인생의 의미를 배우며 좋아하게 된 곡들이다. 80세가 되어서는 애창곡 10곡쯤은 거뜬히 부르고 싶다.

4. 바이올린 연주로 행복을 전하기

 언어 없이 소통하기 좋은 것이 음악이라고 생각한다. 서로 다른 나라, 서로 다른 성향, 남. 여를 불문하고 음악을 들으며 우리는 마음이 따뜻해진다. 많은 악기가 있지만 나는 바이올린 소리가 좋다. 완곡할 수 있는 연주가 3곡이 되면 바이올린 연주로 병원이나 시니어 센터에 봉사활동을 하며 행복을 전하고 싶다.

5. 건강하고 행복한 노년을 위해 운동하기

오래 살려면 건강이 필수다. 운동하는 시간을 따로 내는 것이 어렵다고 미루고 미루었는데 80세에도 걷기 여행을 자유롭게 할 수 있도록 가벼운 산책부터 시작하려고 한다. 시작이 반이니까...

6. 가족들과 한 달에 한 번 가까운 곳 여행하기

가족들과 매일 소소한 일상의 행복을 누리며 즐겁게 지내는 일은 내 삶의 여정 속에 가장 중요하다.

7. 그림책 작가 되기

나는 이야기를 좋아하지만 그림 그리기나 만들기도 좋아한다. 하나하나 만들면서 다양하게 변하는 과정이 좋다. 내가 만든 이야기가 담긴 그림책으로 웰다잉 수업도 하고 싶다.

8. 공저 10권 이상 쓰기

처음에는 생각을 정리하고, 글 쓰는 일이 어렵게만 느껴졌었는데 한 권, 한 권 써 가면서 삶에 관한 생각도 정리되고, 살아온 인생을 되돌아볼 수 있는 계기가 되어 감사했다. 10권이 완성되는 날, 예쁜 나만의 서가를 만들어줘야겠다.

"오늘을 살아갈 수 있는 삶의 호흡이 있어야, 소망을 담은 미래가 있다. 나의 버킷리스트는 오늘이라는 선물을 나답게 잘 살기 위한 행복한 삶의 노래다."

NO.42

김미경

❑ 소개
1. 전) 현대백화점본사 15년 근무
   인재개발팀, 신용판매팀, 회원상담실
   (국민연금,고용보험담당, 백화점신용카드)
2. 전) 삼성생명, DB생명, 한화손해보험 근무
3. 현) 인카금융서비스(주)린치핀사업단
4. 생보, 손보, 변액자격증, 가계재무분석사과정
   실버브레인건강지도관리사자격증(치매인지검사)
   (BMCT 1:1치매극복훈련지도과정이수)
5. 공저-내 삶의 좌우명, 내 삶을 바꾼책
   내 삶을 바꾼 습관 출판

❑ 연락처
이메일: butury2@naver.com

일곱 빛깔 무지개색
나의 버킷리스트

한 번뿐인 소중한 삶!!

생각하기에 따라 핑크빛 삶이기도 흑백의 삶이기도 한 것이 인생인가 보다. 삶은 소중하다. 그러기에 하루도 허투루 그냥 보내고 싶지 않은 인생이다.

20대에 바라본 삶과 30대에 느꼈던 삶, 그리고 40대에 보고 느끼는 삶은 2~30대 때와는 판이하게 다르다. 인생은 빨리 깨달을수록 성공한 인생을 살 확률이 더 높아진다. 그것이 책이든, 경험이든 다 좋다. 그렇지만 늦게 깨달았다고 해서 아쉬울 건 하나도 없다.

이제부터 진짜 인생을 느끼면서 살면 되는 것이다. 생생히 꿈꾸었더니 이루어진 것들 지금의 나는 매우 행복하다. 진심으로. 책을 썼고, 지금도 쓰고 있다, 또 크루즈를 타고 망망대해 바다 한가운데 서서 황홀한 바다와 맞닿은 노을 진 석양을 바라도 보았다.

그때의 가슴 벅찼던 그 감동은 지금도 내 눈과 마음속에 생생하게 살아있다. 크루즈 여행은 다시 한번 가서 이번에는 크루즈 백배 즐기기를 한번 해볼 생각이다.

그리고 사는 날 동안 진정 가치 있는 삶을 사는 것이 내 진짜 버킷리스트다. 생을 마감할 때 당신 덕분에 우리 가족이 위기에서 빠르게 회복할 수 있었노라고. 당신 덕분에 치료비 걱정 없이 잘 회복할 수 있었다고. 그때 설득해 줘서 너무 고마웠다고. 그리고 더불어 한 영혼이 건강하게 살아나고 그 가정이 회복으로 축복으로 이어지기를 나는 진심으로 바라고 있다.

만나는 이들마다 서로에게 기분 좋은 에너지를 주고받을 수 있기를 바란다. 이것 또한 일상에서의 소소하지만 긍정의 영향력이니까. 그렇게,,, 그렇게 오늘 나는 당신의 하루가 행복했으면 좋겠다.

나의 작은 칭찬 한마디에 하루 종일 일이 너무 잘 되어서 고마웠다고, 그 한마디에 나도 너무 감사하다고. 이것은 일상에서 얼마든지 나눌 수 있는 기분 좋은 영향력이다. 나는 늘 그런 마음으로 사람을 대한다. *"당신이 행복하면 나도 더 행복해지거든요"*라고 말하고 싶다.

그리고 나의 좌우명인 '우상향하는 삶'을 주변 사람들에게 계속해서 전하고 어제보다 더 나은 내가 되길 소망한다.
나의 경험과 전문 금융 지식을 바탕으로 오래오래 더 많은 이들에게 나의 달란트를 나누어 갈 것이다.

내가 월급쟁이로 남았었다면 절대로 느끼지 못했을 일들과 만날 수 없었을 너무나도 좋은 스승과 인생 멘토, 그리고 건강하게 각자의 위치에서 너무나 착하고 예쁘게 열심히 살고 있는 사랑하는 이들, 이 모든 것들이 깊은 절망과 어둠의 터널을 지나와 보고 나서야 비로소 느낄 수 있는 소중한 것들임을 알았다.

그래서 오늘 하루가 나는 무척 소중하다. 이 모든 것들이 모여 선을 이루어 갈 수 있기를, 최고로 가치 있는 인생이 되기를 간절히 소망한다.

이것이 진정한 내 인생의 버킷리스트다.

NO.43

김언희

❑ 소개

1. 효성여자대학교 통계학과졸업
2. 컴퓨터학원운영
3. 효성여자대학교 전자계산기 석사졸업
4. 대학교 시간강사
5. 주) 교원 영업국장
6. 주) 레고닥타 창의스쿨 원장
7. 현재 보험영업 20년차

❑ 연락처

1. 네이버 검색: 김언희작가
2. 연락처: 010-2242-8101

내 삶을 뒤돌아보면서

　나이가 들어가면서 자꾸만 물건들은 버리고 자녀들에게 부모로서 무엇인가 남기고 싶은 생각이 들었다. 나를 여기까지 올 수 있도록 키워주신 엄마의 인생을 책으로 쓰고 나니 하나씩 쓰다 보면 내 인생을 책으로도 쓸 수 있을 거 같다. 모두들 버킷리스트를 적어 놓고 이루어가는 모습에서 나도 의욕이 생긴다. 적고 이루고 싶은 나의 꿈이 생긴다. 내 인생 버킷리스트들이.

　1. 바닷가 가까이 작은 주택 구입 후 당구대 설치하기

　순하고 배려가 많은 내 남편, 지금까지 살면서 싫은 소리도 한번 들어본 적이 없다. 나름 본인의 그런 성격으로 참고 삭히며 살다 보니 스트레스가 많았나 보다. 건강상 조금이라도 운동을 해야 하고 그 운동이 당구장 가서 연습하는 건데, 혼자 당구장에서는 연습하는 것은 안 좋아한다.

　집에 당구대가 있으면 좋겠다. 당구장을 할지 고민하는 남편이 공기 좋은 곳에서 당구 연습을 할 수 있도록 말이다. 바닷가를 좋아하는 남편을 위해 작은 집을 구입하고 싶다. 주말에 편안한 시간을 보낼 수 있는 휴식처가 되고 혼자 연습할 수 있는 당구대를 설치해 주고 싶다.

　2. 남편과 제주도 한 달 살이 하기

　늘 나와 가족을 위하여 최선을 다한 남편은 자신을 위해서는 할

줄 아는 게 없다. 온전히 남편의 취향에 맞추어 힐링하는 제주도 한 달 살이를 하고 싶다. 정말 은퇴를 하고 나면 제일 먼저 해주고 싶다. 온전히 남편을 위한 시간을 만들어, 나를 만나 보낸 수고의 감사를 표현하고 싶다.

3. 호주에 있는 아들 보러 가기

딸 같은 둘째 아들이 훌쩍 호주로 떠났다. 한창 공부해야 할 때 가정 형편이 힘들었다. 내가 힘들 때 내 속에 담아두지 못해 둘째 아들에게 나 편하자고 푸념을 했는데 그 이야기를 듣는 아들은 늘 불안했었다는 이야기를 했다. 그냥 공부만 해도 힘든 고등학교 시절에 엄마의 힘든 푸념을 들어준 아들이 미래를 준비하는 호주는 멀어서 갈 수가 없다. 거기서 얼마나 고생할지 걱정이다. 꼭 가서 아들을 봐야지.

4. 몸무게 10kg 빼기

원래부터 숨쉬기 운동 말고는 안 하는데 나이가 들수록 기초대사량이 부족해 먹는 양을 줄여도 살이 자꾸 찐다. 평생 살과의 전쟁을 한다. 건강을 위해서라도 몸무게는 빼야 한다.

5. 한국에서 유학 후 중국으로 돌아간 아이들 보러 가기

남편이 심장병 수술하는 과정에서 우리는 예수를 믿는 가정이 되었다. 그때 첫째 아들의 진로가 바뀌면서 중국으로 유학을 갔다. 18살에 중국으로 떠난 아들이 그리워 중국에서 유학 온 또래의 아이들을 아들처럼 챙기고 예수를 전하는 일을 하다 보니 벌써 그 세월이 20년이 지났다.

코로나 이전에는 매년 유학을 마치고 중국으로 돌아간 아이들을

현지에 가서 보고 왔는데 코로나 이후부터는 갈 수 없었다.

매년 아이들을 보고 오면 사명감도 생기고 좋았다. 앞으로는 꼭 한 번씩 다녀와야겠다.

6. 친구들과 함께 지낼 작은 실버타운 짓기

이 꿈은 경제적인 지원이 없으면 이루기가 어렵다. 큰아들이 하고 있는 사업이 좀 안정이 되면 지원을 받아 친구들과 함께 지낼 작은 실버타운을 짓고 싶다. 이 꿈은 우리 아들의 사업이 성공을 해야만 이룰 수 있다. 화려하고 거창한 게 아니라 마음 맞는 몇몇 친구들이 나이 들어 은퇴하면 가까이 모여 살 수 있는 작은 집을 지을 거다.

친구들의 자녀들 중에 있는 의사, 간호사, 사회복지사, 조리사 등의 봉사도 지원도 받고 작은 뜰을 만들어 함께 놀고 채소도 가꿀 것이다. 생각만 해도 입가에 웃음이 난다. 이 꿈이 이루어졌다면 우리 아들의 사업이 성공했다는 거다. 너무 행복하다.

7. 두아들의 사랑하는 배우자를 만나기

나의 소중한 두 아들을 아끼고 사랑해 줄 배우자, 우리가 없으면 각자의 편이 되어 함께해 줄 소중한 며느리 보기.

8. 자서전을 출간하기

우경하 작가님과 모든 버킷리스트를 완성하고 나연구소 사옥앞에서 소중한 여러분들과 내 자서전을 들고 사진 찍기.

생각만으로도 마음이 설렌다.
모두의 꿈이 함께 이루어지길 소망한다.

NO.44

오순덕

□ 소개

1. 한글마루 창작소 공동대표

2. 한글만다라 개발자, 대한민국 1호 강사

3. 서울시 교육청 부모 행복교실 강사

4. (사)놀이하는 사람들- 놀이 활동가

5. 유아교육 23년 차

6. 한글 지킴이- 한글 신바람꾼

7. 저서- [내 삶의 좌우명] [내 삶을 바꾼 책]외 전자책 출판

□ 연락처

1. 블로그: https://m.blog.naver.com/osd020508

2. 인스타그램: happy_tree.hello

3. 유튜브: 한글만다라

나의 소명과 나의 꿈을 함께 이루리라

    일상의 삶 가운데 매일매일 버킷리스트를 이루어가며 살고 있다는 생각이 든다. 하고 싶은 일은 뒤로 미루지 않고 남 눈치 보지 않고 그냥 하며 사는 편이다.

    나는 현재 네 명의 자녀를 키우고 있는 다둥이 맘이다. 첫째는 24세 아들, 둘째는 21세 아들, 셋째는 18세 딸, 넷째는 16세 아들이다.

    남편은 학원 과외 강사이고, 나는 어린이집 교사, 전래놀이와 한글만다라 강사로서 직업이 3개인 N잡러다. 나는 현재 하는 세 가지 일을 모두 좋아하고 잘하지만 진짜 내가 하고 싶은 일은 창작 활동이다.

    나의 버킷리스트 중에 첫째는 **나만의 창작 공간을 갖는 것**이다. 그곳에서 마음껏 자유롭게 창작 활동을 하고 싶다. 그림도 그리고, 만들기도 하며 다양한 예술 활동을 해보고 싶다.

    둘째는 동네 책방을 여는 것이다.

    그동안 수집했던 많은 책을 이용해서 동네 사람들이 누구나 와서 편하게 책을 읽고 갈 수 있는 그런 책방을 만들고 싶다.

셋째는 하루 종일 자연을 거닐고 싶다. 전국 방방곡곡 여행을 다니며 평소에 가보고 싶었던 곳과 알려지지 않은 곳들을 둘러보고 아름다운 경관, 역사적인 장소, 다양한 문화 체험을 해보고 싶다.

넷째는 텃밭에서 직접 채소를 길러서 가족들에게 맛있는 요리를 해주고 싶다. 씨앗에서 시작해서 푸릇푸릇하게 자라고 열매 맺는 과정을 직접 경험하면서 신선하고 건강한 먹거리를 얻고 싶다.

다섯째는 템플스테이나 명상 시간을 갖고 싶다. 오롯이 개인적인 자유의 시간을 갖고 일상에 지친 몸과 마음을 쉬며 에너지를 충전하는 나만의 힐링 시간을 갖고 싶다.

여섯째는 계절마다 피어나는 풀꽃 사진을 찍고 싶다. 작고 소소한 풀꽃에 집중하며 자연의 아름다움을 발견하고 감상하고 싶다.

일곱째는 나만의 그림 전시회를 개최하고 싶다.

나에게 주어진 재능을 키우고 꽃피워 아름다운 작품들로 승화한 작품들을 전시하고 가족과 지인들을 초대해서 함께 예술을 향유하고 싶다.

나는 그동안 살면서 늘 새로운 일을 많이 경험하고 시도했던 것 같다. 그래서 특별히 해보고 싶은 일들이 별로 없다고 생각했는데 이렇게 버킷리스트를 작성하다 보니 하고 싶은 일들이 생겨났다.

소소한 삶에 만족하는 성격이지만, 삶이 허락한다면 아직 이루지 못한 버킷리스트를 하나씩 이뤄가며 살아가다 보면 앞으로의 삶이 더 행복하고 즐거울 것 같다.

나에게 주어진 이 땅에서 소명에 따라 내가 꼭 해야 할 일도 하면서 내 버킷리스트의 꿈도 이루어 가기를 바래본다.

나는 지금껏 살면서 3번의 사명을 부여받았다.
첫 번째 사명은 교회 학교에서 거의 20년 동안 교사의 사명을 감당한 것이다.
두 번째 사명은 4명의 자녀를 출산하고 양육하는 일이다.
세 번째 사명은 우리 문화유산인 한글의 독창성과 아름다움을 온 세상에 알리고 전수하는 일이다.
3가지의 사명 모두 그렇게 쉬운 일은 아니다. 한눈팔 시간 없이 숨 가쁘게 달려왔다.
그렇게 반백 살을 살아내고 이제 남은 반백 살은 무엇을 하며 어떻게 살아야 할까?

나는 현재 N잡러로서 어린이집 교사이며, 놀이 활동가이며, 한글만다라 강사다. 아이들이 잘 자랄 수 있도록 유아 교육, 부모 교육, 가정 교육을 통해 모든 가정이 행복한 가정을 이룰 수 있도록 이끌어주고 싶다.
또한 아이들이 마음껏 뛰어놀 수 있기를 바라는 마음으로 아이들에게 놀이 문화를 전수해 주고 싶다. 마지막으로 내가 사명감을 가지고 할 일은 한글을 사랑하고 한글을 아름답게 가꾸는 일이다. 나는 이 일을 끝까지 사랑하며 최선을 다할 것이다.

NO.45

권수일

❏ 소개

1. 서울대학교 치의학대학원 행정실장
2. 국민권익위원회 청렴연수원 등록 청렴교육 전문강사
3. 인사혁신처 적극행정 전담강사
4. 한국교육학술정보원 윤리경영위원회 외부전문위원
5. 온라인 오프라인 500회 이상 강의, 자문, 컨설팅
6. 대한민국 공직자 도전! 청렴 골든벨! 2등(준우승)
7. 닉네임: 청렴메신저, 청실남

❏ 연락처

1. 네이버 검색: 청렴메신저 권수일
2. 유튜브 검색: 청실남TV

후회 없는 삶의 시작은 도전이다

인생이란 누구에게나 단 한 번뿐이다. 전생과 내생이 있다고도 하고 천국과 지옥이 있다고도 하지만, 우리가 현재의 의식을 가지고 살 수 있는 인생은 단 한 번뿐이라는 것을 누구나 알고 있다. 그래서 인생을 그렇게 치열하게 살고 있는지도 모른다.

철학자 아리스토텔레스는 인생의 목표가 '행복'이라고 했다. '행복이 무엇이고 어떻게 하면 행복할 수 있는가?'라고 물으면 나는 주저 없이 '행복은 선택'이라고 말한다. 행복은 보편적이고 객관적인 것이 아니라, 주관적이고 선택적인 것이다. 자신이 행복을 선택하면 행복해지고 불행을 선택하면 불행해진다.

그래서 행복이란 실체는 존재하기보다는 만들어 가는 것이라는 생각이 든다. 반대로 말하면 불행한 사람은 불행을 스스로 선택한 것이고, 그 선택의 몫이 자신을 불행한 사람으로 만드는 것이다. 행복한 사람도 후회하지만, 불행한 사람이 더 많은 후회를 한다. '지금 여기'에서 최선을 다하는 사람은 후회를 적게 하지만, 과거에 기대고 오지 않을 미래를 걱정하는 사람은 후회를 많이 하게 된다. 나는 후회 없는 삶을 살기 위해 남은 삶에서 꼭 해야 할 일들을 생각했다. 이것이 내 인생 버킷리스트이다.

1. 턱수염 기르기

 직장인으로서 출근하지 않는 날을 제외하고는 면도하지 않은 적이 없다. 퇴직 후에는 제일 먼저 6개월간 면도를 하지 않고 턱수염을 길러보고 싶다. 추하지 않게 멋있게 길러서 기념사진도 남기고 싶다. 생각만 해도 행복하고 그 날이 기다려진다.

2. 국내·외에서 한 달 살기

 한 달 살기는 제주도에서 시작되어 지금은 전국적으로 상품화되어 많은 사람에게 손짓하며 기다리고 있다. 지금은 외국으로 한 달 살기를 가는 사람도 많다. 아직 장소는 정하지 않았지만, 퇴직 후에는 국내에서 한 달 살기를 하고 국외에서도 한 달 살기를 하고 싶다. 지금까지 살아온 삶을 돌아보고 삶을 성찰하고 여행도 하며 새로운 경험도 하면서 남은 인생이 후회 없는 삶이 되도록 설계하겠다.

3. 집안일하기

 나는 직장을 핑계로 집안일을 거의 하지 않았다. 특히 요리는 라면과 계란후라이 외에는 할 줄 아는 게 없다. 퇴직 후에는 1주일에 최소한 2일은 집안일을 전담할 계획이다. 밥하기, 요리하기, 빨래하기, 청소하기 등 모든 것을 하겠다.

 요리는 문외한이라 국 끓이기, 반찬 만들기 등 아내에게 기초부터 조금씩 배울 예정이다. 이것이 부부간의 건강하고 행복한 삶을 만드는 것이라고 생각한다.

4. 자서전 출간하기

 나는 살아온 인생에 대한 진솔한 이야기를 담은 자서전을 출간하고 싶다. 하루하루 최선을 다해 살아온 삶이 담긴 자서전을 아내와 자녀와 손주에게 남기고 싶다. 아내와 자녀와 손주에게 오래 기억이 되는 남편과 아버지와 할아버지가 되고 싶다. 이 생각을 하면 행복하면서도 의미 있는 인생의 한 장면이 그려진다.

5. 행정법인 설립하기

 나는 퇴직과 동시에 개인사업자인 행정사 사무소를 시작한다. 행정 법률과 행정 처리에 대해 나날이 증가하는 국민의 수요에 부응하고 보다 전문적이고 체계적인 서비스 제공을 위해서 행정법인 설립을 마무리하고 싶다.

6. 착한 건물주 되기

 '헌법 위에 건물주가 있다.', '조물주 위에 건물주가 있다.'라는 진담 같은 농담이 유행한 적이 있다. 건물주의 횡포를 한 마디로 보여주는 문구이다. 나는 착한 건물주가 되고 싶다. 나눔을 실천하고 밝은 미래를 보며 함께 상생하는 건물주가 되고 싶다.

 후회 없는 삶을 위한 나의 도전은 계속될 것이다. 버킷리스트 완성의 기쁨을 모든 사람과 함께 나누고 싶다.

NO.46

우정희

☐ 소개

1. (현) 청도재가노인복지센터 대표 (2014~)
2. 한세대학교 사회복지행정학과 박사
3. 미국로드랜드대학 자연치유학과 졸업
4. 대한웰다잉협회 동대문지회장
5. 강덕무관총본관 (1972) 이재봉관장 쿵후 우슈태극권 사범
6. 국제공인 NLP 마스터 프랙티셔너
7. 네이버 검색 우정희

☐ 연락처

우정희 https://litt.ly/cheongdo365
https://www.youtube.com/@TV-io8pe
https://blog.naver.com/sungwoo39

진짜 나를 찾는 버킷리스트
(지금 아니면 영원히 못 할지도 몰라서)

이 글은 '버킷리스트'라는 주제로 함께하는 공저에 담긴 나의 이야기이자, 내가 정말 이루고 싶은 삶의 방향을 담은 기록이다. 나는 오래도록 남을 꿈을 적어두고 싶었다. 내 마음속 '진짜 나'의 목소리를 따라간 흔적이 이 글 속에 담겨 있다.

1. 캠핑카 여행과 가족과의 동행
20살 무렵부터 품었던 캠핑카 여행의 꿈. 자연과 함께 숨 쉬며, 가족과 추억을 쌓는 삶을 꿈꾼다. 그 길 위에서 나는 진짜 나를 느끼고, 사랑하는 사람들과 시간을 나누고 싶다.

2. '우정희'라는 이름으로 단독 책 출간
공저를 넘어, 나만의 이야기를 담은 단독 저서를 출간하고 싶다. 글은 결국 사람을 살리는 힘이다. 내 삶의 여정과 마음을 고스란히 담은 책을 누군가의 위로로 전하고 싶다.

3. 복지재단 설립 – 나눔과 배움의 공간 만들기
'강덕우정복지센터'를 통해 어르신과 아이들이 함께 힐링하고 배우는 공간을 만들고 싶다. 장학재단까지 꿈꾸고 있다. 이 모든 실천은 청도재가노인복지센터에서의 경험을 바탕으로 한 걸음씩 쌓아가고 있다.

4. 유튜버 & AI 작가로 살아가기
전자책과 영상 콘텐츠로 감동과 울림을 전하고 싶다. 단순한 정보 전달을 넘어서 사람들의 마음에 남는 콘텐츠를 만들고자 한다.

5. 세계 각국에서 강연하고, 1,000명 앞에서 말하기
내면을 깨우는 메시지를 전하며, 1,000명 앞에서 강연하는 순간을 그려본다. 진심을 담은 한마디가 누군가의 인생에 전환점이 되기를 바란다.

6. 우슈·쿵후·태극권, 대자연과 함께 흐르다
몸과 마음을 단련하며 자연 속 수련을 이어가고 있다. 힐링과 건강의 가치를 나누고 싶다. 이 수련이 주는 몰입과 집중의 힘을 더 많은 이들에게 전하고 싶다.

7. 지구를 위한 작은 실천, 환경 교육 활동
복지와 환경을 잇는 삶. 물과 공기를 소중히 여기는 실천을 이어가고 싶다. 작은 변화가 모여 지구를 살리는 길이 되리라 믿는다.

8. 예술과 쉼이 있는 삶
캘리그라피, 노래, 모델 활동으로 감정을 표현하고 치유받고 싶

다. 바다 보이는 서재도 꿈꾼다. 나만의 감성과 쉼이 어우러지는 공간에서 삶의 균형을 찾고 싶다.

9. 상담과 코칭으로 사람을 살리는 삶

NLP와 KAC 코칭을 기반으로, 1대1 상담과 동행 코칭을 이어가고 싶다. 사람들이 스스로 원하는 삶을 살아가도록 용기를 북돋는 역할을 하고 싶다.

10. 산티아고 순례길, 나를 위한 걷기

조용히 걷고, 진짜 나를 찾는 여정. 그 길에서 나를 만나고 싶다. 자연과 하나 되어 걷는 시간 속에서 깊은 울림을 느끼고 싶다.

에필로그 – 기버(Giver)로 살아가기

주는 사람, '기버'로 살아가고 싶다. 사람들이 원하는 삶을 힘 있게 살아가도록 돕고, 충만함과 행복을 함께 나누고 싶다. 그것이 내가 존재하는 이유다.

"그렇게 누군가의 삶에 작은 빛이 되어주기를 소망한다."

NO.47

박정순

❏ 소개

1. 한국코치협회 KPC코치
2. 멘토지도자협의회회원
3. 삶은 여행처럼 공저
4. 터닝포인트 공저

❏ 연락처

1. 네이버 : jstaman501@naver.com
2. 인스타그램 :https://instagram@jstaman501

반드시 이루어질 10가지 꿈

◆ 이 세상에서 가장 의미 있는 여행은
다름 아닌, 바로 내면을 향한 여행이다! -PING

이제부터라도 내 삶의 주인공이 되어 미뤄두었던 꿈들을 하나씩 찾아 나를 위해 실천해 나가야겠다. 그런 마음으로 내 인생 버킷리스트 10가지를 적어본다.

1. 한 달간 혼자 제주도와 가고 싶은 곳 여행하기

남편의 주재원 발령으로 인도네시아에 산 적이 있다. 발령이 끝나고 한국에 돌아온 후 건강이 좋지 않아 단월드에서 수련하게 되었다. 그때 명상을 하게 되었고 관심이 많다. 지금은 코칭하고 있고 하기 전에 명상하곤 하는 데 도움이 많이 되고 있다. 코칭과 글쓰기를 통해 마음이 평화로워진 것을 알았다.

혼자만의 여행을 통해 글도 쓰고 때론 명상도 하고 코칭도 하면서 여유롭게 나만의 시간을 갖고 싶다. 여유 없이 바쁘게 살아가는 일상을 벗어나 휴식, 힐링, 새로운 아이디어 발견과 비움을 위해서 제주도와 동해안 등 가고 싶은 곳에 가서 여행도 하고 책도 읽고 싶다.

2. 헬스와 운동으로 근육 짱짱 아줌마 되기

지금부터 운동을 제대로 해서 근육이 짱짱한 건강한 몸매를 만들고 체력이 좋은 사람이 되고 싶다. 60대의 근육 짱짱한 여성이 돼서 내 자리에서 할 수 있는 일을 열심히 해내고 싶다. 앞으로 더욱 건강한 몸이 되어 누군가를 도와주고도 에너지가 넘치는 사람으로 살아가고 싶다. 체력을 강하게 만들어서 평생 건강하게 살고 싶다. 그것이 나의 소명이라고 생각한다.

3. 전문 사진작가 되기

오래전부터 가장 좋아하는 것은 핸드폰으로 꽃 사진 찍기다. 요즘 사진 찍기를 다시 배우고 있는데, 앞으로 사진을 더 잘 찍을 때까지 배우고 익혀서 전문 사진작가가 되고 싶다. 그동안에도 사진을 잘 찍는다는 말을 자주 듣곤 했는데 아마추어가 아닌 전문 사진작가가 되고 싶다.

4. 자녀와 함께 여행하기

가족과 함께 아이들이랑 제주도 여행과 해외여행을 간 적이 있는데, 좋은 추억으로 남아있다. 결혼한 큰아이 내외와 딸 중에 시간이 맞는 아이와 한국의 못 가본 곳도 가보고 기회가 되면 폴란드와 유럽 여행을 해보고 싶다.

5. 500명 앞에서 강연하기

아이들을 가르친 경험은 있는데 청중 앞에서는 강연을 해본 적이 없어서인지 해보고 싶다. 요즘 코치님들께서 좋은 강의를 무료로 온라인에서 해주시는 데 감사한 마음이 든다. 나도 500명 앞에서 강연하는 것을 목표로 하고 전문 코치로서 사람들에게 다가가고 싶다.

지금은 한국코치협회 KPC코치로서 KSC를 준비하면서 다양한 것을 익히며 코칭하고 있다. 앞으로는 500명 앞에서 강연할 수 있도록 해야겠고 꼭 하고 싶다.

6. 가족사진 촬영하기

남편이 주재원으로 해외 생활을 여러 번 했고, 서로 바쁘다 보니 아직 제대로 된 가족사진이 없다. 남편과 딸 그리고 아들과 며느리가 모두 바쁘지만, 시간을 내서 꼭 가족사진을 찍고 싶다.

7. 리마인드 웨딩촬영하기

가족사진과 함께 리마인드 웨딩 촬영을 하고 싶다. 결혼 후 남편은 직장 일로 나는 아이들 키우는 일로 서로 바빴다. 앞으로 우리 부부가 더 견고한 사랑을 나누기 위해 리마인드 웨딩촬영을 하고 싶다.

8. 유럽 여행하며 맘에 드는 곳에서 한 달씩 지내보기

유럽 중에서 가고 싶은 나라는 폴란드와 스위스 체코 등이다. 남편 퇴직 후에 여행 가서 맘에 드는 곳에서 1달씩 지내보기로 했는데 꼭 해보고 싶다. 더 많은 사진도 찍고 그때부터 더 멋진 전문 사진가로 활동하고 싶다.

9. 손 편지로 가족에게 감사 표현하기

예전에는 손 편지를 남편과 아이들에게 자주 썼는데 요즘 잘 쓰지 않았다. 시간과 마음을 내어 다시 손 편지로 사랑한다고 말하고 평소에 하지 못했던 감사 표현을 가족들에게 해봐야겠다.

10. 나만의 작은 비즈니스 시작하기

체력을 단련하고 코칭 공부를 더 열심히 해서 나만이 할 수 있는 일을 꼭 하고 사회에도 선한 영향력을 끼치고 싶다.

모두 이루어질 버킷리스트에 마음이 설렌다.

NO.48

김미례

❏ 소개

1. I COLOR 'n BRAIN 연구소 대표
2. 폴리텍V대학교 산학협력단 강사
3. 산림청 공인 산림치유 1급 지도사
4. 국가공인 브레인트레이너, 뇌교육지도사
5. 한국색채심리분석연구소 마스터 강사
   자연건강 및 웰다잉 지도사
6. 중앙공무원교육원, 교통문화연수원
   익산시청 등 관공서 및 기업체 강의 다수
   - 고객만족경영, 프리젠테이션기법,
     조직 커뮤니케이션, 직업윤리
   - 뇌과학, 명상, 웰다잉, 색채심리 등
     각 종 심리정서지원 프로그램

❏ 이메일

colorlight0@naver.com

다시(茶時), 봄날

"선생님은 지금이 차와 많이 만나지는 시기인가 봐요"

차가 시작된 시배지라 할 수 있는 중국의 사천성 비행기를 타기 위해 공항으로 가는 버스 안, '세계 6대 다류 심화반'의 선생님께서 맑은 눈을 반짝이며 말씀하신다. 미소가 지어진다. 어떻게 아셨을까…. 출발 불과 30분 전, 버킷리스트 원고의 제목만 달랑 적어두고 급히 덮었던 노트북 화면이 떠올라 미소 짓는다.

전날까지 수업을 다 마치고 당일 아침에서야 분주하다. '내가 없는 며칠 동안 밥을 안 해 먹을 테니 야채들은 다 정리해놓아야지….' 남아있는 아욱도 씻어 숭덩숭덩 썰어 냉동실에 보관하고, 신랑이 애써 뜯어 온 미나리 한 가닥도 버려지지 않게 갈무리해서 봉지 봉지 김치냉장고에 넣어두었다. 행여 아들이 고기를 구워 먹을지 모르니 주방용품도 잘 찾을 수 있도록 정리해 놓으니 어느새 시간이 다 되었다.

마지막으로 화분 물 주기, 강아지 돌봄 용품도 다 눈에 보이게 해두었고… '주부는 어디 좀 가려면 뭐가 그리 수선스러운지…'

일행들이 다 도착해 있다니 정작 여행할 내 짐은 설렁설렁 캐리어에 일단 몰아 담았다. 여행과는 걸맞지 않은 가죽 노트북도 메고 겨우 공항리무진 시간에 맞춰 택시를 불렀다.

차분하고 인상 좋아 보이는 기사님께 버스 탑승장 안까지 들어가

달라고 부탁하고 창밖을 보니 10년 전 편찮으신 아버님과 함께 중국 여행을 떠나던 날 아침의 전주천 풍경이 눈에 들어온다. 그때 나도 건강이 몹시 좋지 않아 어질러진 집을 뒤로하고 나섰던 아침과 달리 이제 내 손으로 깔끔해진 집안과 빠뜨리는 것 없이 다 챙겼다고 생각하니 스스로 뿌듯하다.

그때는 허리도 가누지 못해 복대하고 나섰는데 이젠 무거운 가방도 잘 메는구나.... 시간이 촉박한 와중에도 아빠가 웃고 있는 사진 앞에서 잠시 숨을 고르고 맞은편 엄마의 사진 앞에서도 의미 있는 인사를 하고 나서는 이 모든 풍경이 '강물 속으로 또 강물이 흐르듯,...' 부산한 겉모습 안에 소박한 성취감과 여유로운 풍경으로 흐르고 있었다.

버킷리스트 원고 마감이 오늘인데.... 한 달여 전부터 계속 맴돌며 생각해 오고 있었는데 글로 표현이 안 되었다. 계속 맴도는 이런저런 할 일들에 대한 상념들을 미뤄두고 어제 마저 생각해 둔 버킷리스트 이야기를 페이지라도 시작해 보자고 화면을 여니 제목? 아! 제목은 뭐라고 하지? 커서를 대는 순간, 그냥 '다시, 봄날'이라 적어졌다. 내가 타이핑하고도 어? 이건 뭐지? 다시? 돌아가신 부모님들의 봄날을 고대했던 마음이 그간의 아픈 여정들과 어느새 10여 년이 훌쩍 지난 이 아침이 함께 오버랩된다.

10여 년이 훌쩍 지난 지금, 아버님이 자주 말씀하셨던 김해김씨의 시조 김수로왕의 부인 허황후가 차 씨를 가지고 지나왔다는 사천성으로 좋아진 건강과 한결 밝아진 마음으로 답사갈 수 있는 모든 여건이 감사하게 떠올랐다.

'그래, 그날 아침, 어쩌면 '다시, 봄날'은 부모님의 소망이 내 손끝을 통해 나온 새싹 같은 것이었을까....' 나는 어느새 중국 사천성 마라훠궈어를 먹고 리산의 고풍스러운 숙소 칠성당에머무불며, 오늘 일정은 몽정산이다.

부모님의 생애를 시로, 노래로, 음악으로 표현하고, 형제들과 함께 가족 워크샵, 아들에게 해주고 싶은 인생 이야기를 책으로 정리, 아들 & 아들 친구와 트레킹, 부모 자식의 관계 이전에 한 생을 살아가는 도반으로서 삶을 나누기, 아들 가족과 친환경 & 차 문화 사업을 함께 하며 주위에 선한 영향력으로 물심양면 풍성한 열매를 맺어 좋은 본보기 되기.

사람들에게 마음과 몸의 건강이 얼마나 밀접하게 연결되어 있는지, 특히 마음과 뇌과학, 요가 생리학. 우리가 매일 먹는 음식이 심신에 얼마나 큰 영향을 미치는지, 나아가 사람과 사람, 사회와 국가 간의 이해관계 등을 역사, 사회, 생리, 문화적으로 쉽고 흥미롭게 구성하여 소통하는 일을 하고 싶다.

이것이 나의 버킷리스트다. 처음엔 일반적으로 여행하기 등이 떠올랐는데 한 달여간 지나온 삶을 돌아보며 이제 예전 같지 않은 몸에 이런저런 생각이 많아지면서 내가 이번 생에서 나에게 주어진 소명이 무엇인지, 꼭 해야 할 일은 내가 하고 싶은 것보다 내가 해야 할 일이 아닌지 하는 생각해 본다.

나의 버킷리스트는 현재 진행 중, 더욱 여물어가고 아름다워져 갈 것이다. 사랑하는 이들과 함께.

NO.49

양혜진

❑ 소개

1. 코리아 홈쇼핑 텔레마케터 4년
2. SK브로드밴드 텔레마케터 13년
3. 현 삼성화재 일산지점 메디칼 매니져
4. 저서: [우리는 알콜중독 부부]

❑ 연락처

1. 네이버 검색: 양혜진
2. 블로그: https://m.blog.naver.com/yang5456
3. 유페이퍼: https://oshow.upaper.kr/content/1191233
4. 연락처: 010-6432-8481

하나님의 부르심에 따라

내 인생의 전환점은 2019년 10월 1일 예수님을 영접하면서였다. 내 삶, 생각, 삶의 방향 등 모든 것이 변했다. 내가 주인이 아닌 내 안에 성령이 이끄는 대로 살고 싶다. 그런 나의 인생 버킷리스트를 적어본다.

1. 남편과 복음 전하는 부부 선교사 되길 소망한다

부부가 선교하면 사람 만나는데 애로사항이 없다. 가령 남자가 여자를 사역할 때 받는 오해는 없을 것이고 사단이 틈타는 일도 없으므로 아주 자유롭게 사역할 수 있다. 무엇보다 하나님이 하나 되게 해주신 남편과 동행한다면 최고로 기쁘게 해드리는 일이라는 생각이 든다.

2. 중독자들과 삶을 같이 할 수 있는 치유 센터

중독자들은 삶을 같이해야 치유할 수 있다. 일주일에 한 번 만나는 사역으로는 어림도 없다. 이건 수년간 사역해 온 사역자의 데이터에서 나온 결과이다. 삶이 치유되고 생각이 치유되고 영혼육이 치유되는 장소.

주님이 예비하신 그런 장소에서 그들에게 참 평안을 누리게 하고 싶다. 내가 그 지옥 같은 곳에서 나왔고 참 평안을 누리고 있기 때문이다. 이 세상에 어떤 것으로도 채울 수 없는 평안. 말씀에 순종한 자만이 알 수 있는 참 평안이다. 24시간 같이 있다 보면 그들의 모든 것을 보게 되고 나 또한 그들의 눈에 보일 것이다. 하나님이 함께하심을.

3. 그리스도인 22명 세우기를 소망합니다.
'내가 진실로 진실로 너희에게 이르노니 나를 믿는 자는 내가 하는 일을 그도 할 것이요. 또한 그보다 큰 일도 하리니 이는 내가 아버지께로 감이라' (요 14 : 12)

성경에 나오는 12사도들. 그중에 한 명은 마귀. 주님은 더한 일도 한다고 하셨기에 예수님이 남긴 제자 11명의 갑절인 22명의 리얼 그리스도인이 세워지기를 소망합니다. 제 생각은 그러하나 주님의 뜻대로 되기를 예수님의 이름으로 기도합니다. 아멘.

4. 매일 한 시간씩 운동하기를 소망합니다
주님이 계시는 내 몸은 성전이기에 성전 관리를 잘해야겠다는 생각이 든다. 그러기 위해서는 게으른 나를 깨야 하고, 30분 걷기도 힘들어하는 내 체력을 올려야 하고, 뭔가에 빠지면 열심인 성희 언니와의 시간 타협이 필요하다. 마지막 조건이 극복하기 제일 힘들 것 같다. 식사 시간도 아까워서 잘 안 먹고 일을 하기 때문이다. 나는 기도하고 주님의 시간표를 기다려 본다.

5. 바퀴 달린 만평의 집 짓기

 기억은 정확하지 않다. 그렇다면 기록은? 기록은 다른 사람의 기억보다 더 정확하다. 성경이 우리들의 신앙생활의 길잡이가 되듯 내가 쓴 기록들이 후대들에게 도움이 되었으면 한다. 좌로나, 우로나 치우치지 않고 오직 그리스도만 선포하는 증인 문서. 영혼들을 살릴 유튜브, 블로그, 전자책, 종이책. 나와 내 가족의 벌거벗음으로 다른 영혼이 살아난다면 얼마든지 내놓을 수 있다.

 이 땅에서의 모든 것은 내 것은 없기 때문이다. 내 거라고 손에 쥐는 순간 성경의 창세기 3장 사건이 일어나는 것이다. 내가 하나님 되려고 따먹은 선악과. 그로 말미암아 인간은 하나님 형상을 잃게 된다. 불행의 시작. 후대들은 내가 40대 받은 복음보다 더 일찍 알았으면 한다. 이 땅에서도 하나님 나라를 체험해 보기를 바란다.

6. 하나님! 캠핑카 주세요

 어디든 SOS 하면 달려가 복음 전할 수 있는 숙식이 되는 차가 필요하다. 한곳에서 안주하면 변질될 수 있기 때문에 언제든 떠날 수 있는 차가 있었으면 한다. 우리가 완전히 하나님께 필요한 사람으로 준비되었을 때 주님이 주시리라 믿는다.

NO.50

박성희

❑ 소개
1. 은방울어린이집 원장 13년
   시화리라유치원 원감 2년
2. 유아전문 학부모 카운슬러
3. iebTV 유아교육방송국 연구실장 3년
4. 전국유아교육자 원장연수네 강사 5년
6. SK브로드밴드 텔레마케터 5년
7. 생명의 빵굼터 문서영상 선교사
8. 현 삼성화재 일산지점 메디컬 매니져
9. 저서: [보험이 최고의 직업, 15인의 성공스토리와 노하우]
   [나는 신랑의 러브레터를 전달하는 우편 배달부]

❑ 연락처: 010-4405-2020
1. 네이버 검색: 박성희 작가
2. E.mail: izoa77@empas.com
3. 블로그: 천국서기관의 보물창고
   https://blog.naver.com/izoagkwldy
4. 유튜브 검색: [전도자의영상일기]

내가 행복할 때보다
남을 행복하게 만들었을 때
더 행복하다

  오직 나와 내 가족밖에 모르던 나, 남을 짓밟고라도 1등을 하고 칭찬을 들어야 직성이 풀리던 이기적인 내가 20대 초반에 성경의 거짓됨을 밝혀보고자 성경을 읽다가 하나님을 만났다.

  다메섹 산상에서 예수를 만나고 변화된 바울처럼 그때부터 바뀐 내 인생 좌우명. "돈 벌어 남 주자! 은혜받아 남 주자! 공부해서 남 주자!" 내가 행복할 때보다 나의 수고로 남이 행복을 느낄 때 주는 행복감은 갑절이었다. 하나님이 이 땅에서 나를 통해 하시길 원하시는 내 인생 버킷리스트를 적어본다.

1. 나를 만나는 100명 이상의 사람 스타 되게 해주기

  내 육신의 아버지가 지어주신 이름 "박성희. 이룰 成, 계집 姬. 성공하는 여자가 되어라." 내 영의 아버지 하나님께서 복음 안에서 내 이름을 재해석해 주셨다. "많은 사람을 성공하게 하는 여자가 되어라. 너의 성공은 타인을 도우라고 주신 것임을 잊지 말라."(다니엘 12:3)

  세상 꼭대기에 올라가면 부러움과 시기의 대상만 된다. 많은 사람이 따르는 자리에서 변질되어 추해지고, 신기루의 자리에서 허무를 느껴 자살과 가정파탄에 이르는 사람들에게 무엇이 진정한 행복인지 알려주고 참평안, 참기쁨, 참 보람을 알게 하는 진정한 성공자가 되고 싶다. 하나님께서 나를 높이심은 나를 위한 것이 아니라 나로 인해 또 다른 사람이 성공하게 해주는 밑거름임을 잊지 않고 살기. 100명을 어떻게 만들지? 책을 남기면 세월을 두고두고 영향을 끼쳐 가능할 것 같다.

2. 한 몸같이 어디든 움직일 수 있는 부부 선교팀 만들기
　제자들을 불러 둘씩 짝지어 보내신 예수님. 그 둘이 평생을 같이할 부부이면 얼마나 좋을까. 하는 일이 달라서, 취미가 달라서, 먹고 사느라 바빠서, 가족이 모두 각자인 시대. 졸혼, 이혼, 재혼으로 깨지는 가정을 보면서 매일 반복되는 출퇴근을 하며 땅에 메인 일로 불가능하기에 **1인 기업, 가족기업** 만들어 사명이 같아 언제든 마음만 먹으면 시간을 자유로이 쓸 수 있어 한 달이건 두 달이건 하나님이 부르시는 어느 지역 어느 나라든 하나님이 예비하신 사도행전 적 만남을 누리는 그런 평신도 부부 선교팀을 만들고 싶다. 아들 부부, 동생 부부, 친구 부부. 가족여행 자체가 사람을 살리는 선교여행이 되는.

3. 삶을 같이하며 영혼육의 전인 치유를 돕는 치유센터
　질병과 사업부도, 삶이 망가지고 관계가 망가지고 직업까지 가질 수 없는 무너진 사람들의 전인 치유(영혼육. 삶, 관계, 습관 등)를 일정 기간 도와주어 스스로 자립할 수 있도록 도와줄 수 있는 가족같

이 함께해 줄 안식처 같은 공간 제공.

4. 전도자의 길을 가는 동안 나의 십자가를 함께 져 주신 분들 한 분 한 분 만나 복음의 빚을 갚으며 살고 싶다

30대 때 복음을 전해주신 나의 전도자 암 환우를 위해 평생 연구하신 김태식 박사님의 노후를 책임지고 싶다. (영적 부모) 구레네 사람 시몬처럼 가족이기에 억지로 내 십자가를 져준 내 가족, 시댁 식구들. 복음의 가치를 알기에 가족보다 더 가족 같았던 수많은 만남. 지금의 내가 있기까지 나를 가르치신 목회자(영적인 부모님)들의 노후 의료비 보험료 후원하기.

5. 바퀴 달린 만평의 집 견고하고 알차게 인테리어 하기

나의 아들이 그동안 내가 모아온 내 기록과 자료들을 보고 "엄마는 바퀴 달린 만평의 집이 있어야겠다."라고 한 적이 있다. 나의 대답 "정원아, 그게 바로 네가 지금 만들어주고 있는 유튜브고 그게 바로 엄마가 기록하고 있는 블로그야."

누구든 와서 내 보물들을 퍼갈 수 있는 집. 수만 명도 거뜬히 초청할 수 있고, 전 세계 각국 사람들이 오갈 수 있는 비밀이 없는 오픈된 하늘에 가상공간 안에 세운 집. 이것이 하나님이 짓기 원하시는 성전 건축. 후대들을 복음으로 세울 세계 복음화 센터. 내가 이것 잘 세우고 나면 이 땅에서 필요한 집(치유센터. 문서영상 선교센터)이나 차(부부 의료선교사가 함께 움직이는 119구조대)는 하나님이 최고로 준비시켜 주시리라.

에필로그

동전의 앞과 뒤, 빛과 그림자처럼, 책에도 작가의 시선과 독자의 시선, 두 가지 관점이 존재한다.

작가는 글을 쓰는 과정을 통해 자신을 성찰하고 생각을 정리하며, 경험, 배움, 지혜를 타인에게 전달하는 보람과 기쁨을 느낀다. 그리고 독자는 타인의 성장과 인생 이야기를 읽으며 공감과 위안을 얻고, 삶의 용기, 희망, 새로운 아이디어 등을 발견한다.

이처럼 책이 주는 유익함은 양쪽 모두에게 존재한다. 공동 저서는 개인 저서 대비 시간, 비용, 분량이 적게 들기에 책을 처음 써보는 분들과 꾸준히 책을 쓰고 싶은 사람에게 적합하다. 그렇기에 책 쓰기를 처음 시작하시는 분들이라면 공동 저서로 시작과 경험을 쌓기를 권유하고 추천한다. 이런 경험이 다음 단계로 넘어가는 데 좋은 밑거름이 된다.

책을 쓰기 위해서는 용기, 시간, 집중력, 인내 등이 필요하다. 바쁜 일정 가운데 마음을 내어 함께 한 작가님들에게 감사와 격려의 말을 전한다.

우리의 변화 이야기가 어두운 세상에 한 줄기 빛이 되길 희망하며 우리 삶의 버킷리스트 이야기를 마무리한다.

다음은 당신 차례다.

당신 인생의 버킷리스트는 무엇인가요?